# 新形势下新疆电气化水平提升与实施路径

国 网 新 疆 电 力 有 限 公 司
国网电力科学研究院武汉能效测评有限公司 编

中国电力出版社
CHINA ELECTRIC POWER PRESS

**图书在版编目（CIP）数据**

新形势下新疆电气化水平提升与实施路径 / 国网新疆电力有限公司，国网电力科学研究院武汉能效测评有限公司编．—北京：中国电力出版社，2023.4
ISBN 978-7-5198-7217-5

Ⅰ．①新…　Ⅱ．①国…　Ⅲ．①电气化－产业发展－研究－新疆　Ⅳ．① F426.6

中国版本图书馆 CIP 数据核字（2022）第 210951 号

---

出版发行：中国电力出版社
地　　址：北京市东城区北京站西街 19 号（邮政编码 100005）
网　　址：http://www.cepp.sgcc.com.cn
责任编辑：刘红强（010-63412520）
责任校对：黄　蓓　朱丽芳
装帧设计：宝蕾元
责任印制：钱兴根

---

印　　刷：北京九天鸿程印刷有限责任公司
版　　次：2023 年 4 月第一版
印　　次：2023 年 4 月北京第一次印刷
开　　本：787 毫米 × 1092 毫米　16 开本
印　　张：8
字　　数：130 千字
定　　价：45.00 元

---

《新形势下新疆电气化水平提升与实施路径》

# 编写组

**主　　编：** 董继军　李满树

**副 主 编：** 王少林　刘晓华　摆志俊　张　超　王　宇　许朝阳

**编写人员：** 马　磊　张　正　李　青　李志潭　王　刚　杨　希　张海丽　范季阳　汤德海　马　波　于忠爽　张幻冰　李贵宾　杨　超　王　卓　张　城　李　媛　贾　烨　张一航　葛新龙　何晋新　成泽林　宋雨成　王建德　丁　胜　饶　尧　程　元　刘　政　肖　申　江　城　张天鹏　徐承美　李文庆　颜　毅　李明峪　桂俊平

**审稿人员：** 杜建城　文尧飞　倪宝家　孙军海　孙清振　李　蕊　王　超　王　刚　张京泰　梁志向　赵永连　周宇航　杜业龙　高　敏　闫　靖

# 前　言

当前，全球新一轮能源革命正加速演进，世界能源体系深度重塑，我国正在加快构建清洁低碳、安全高效的现代能源体系，全力实现碳达峰、碳中和（简称“双碳”）的战略目标，电气化是必由之路。改革开放以来，我国的电气化进程实现了跨越式发展，能源生产侧和消费侧电气化水平，以及电力供应清洁低碳化水平均实现显著提升。伴随着储电技术及储电能力的不断完善，太阳能和风力发电技术的稳步提高，“再电气化”将成为不可逆转的趋势潮流。再电气化是我国顺应世界能源变革新形势、积极应对气候变化和促进人类文明进步的重要战略选择。

“十三五”以来，按照国家电网有限公司（简称国家电网）的统一部署，国网新疆电力有限公司（简称国网新疆电力）大力开展电能替代工作，新疆全社会的电气化水平有了明显的增长，电能占终端能源消费比重在2016—2020年期间由25%提升至29.8%。为总结过去的工作经验，应对新形势下再电气化的要求，进一步提升新疆电气化水平，国网新疆电力联合国网电力科学研究院武汉能效测评有限公司的专业人员编写了本书。

本书在分析总结新疆电气化发展与趋势的基础上，结合新形势下电气化发展的新要求，提出适合新疆的电气化水平的评价方法，分析新疆电气化水平提升潜力，论述了新形势下新疆电气化提升的策略、路径。电能替代是电气化提升的重要手段，为此本书给出了新疆电能替代推广策略。最后，本书选取了部分新疆电能替代项目典型案例，进行分析总结。

本书可作为国网新疆电力各级公司电气化提升、电能替代相关人员的工作指导用书，也可供其他省市电力公司各级电气化提升、电能替代相关工作人员学习参考。

本书编写过程中得到国网新疆营销服务中心、国网新疆综合能源服务有限公司，国网乌鲁木齐供电公司、昌吉供电公司、伊犁伊河供电公司、吐鲁番供电公司、喀什供电公司、塔城供电公司、阿勒泰供电公司等单位的大力支持。在此一并表示感谢。

限于编者水平，书中难免存在不妥或疏漏之处，恳请广大读者批评指正。

# 目录 CONTENTS

# 第一章

# 绪　论

## 第一节 概 述

煤炭石油等化石燃料在工业生活等领域中的广泛使用，使得大量温室气体排放到大气中，引起了一系列的气候问题。因此减少碳排放以应对气候变化逐步成为全球共识。为解决碳排放所引起的气候问题，我国在2020年提出“二氧化碳排放力争于2030年前达到峰值，努力争取2060年前实现碳中和”（简称“双碳”目标）。

在此背景下，《中国电气化年度发展报告2021》指出电气化发展是实现碳达峰、碳中和的有效途径。通过构建多元清洁电力供应体系，深入实施工业、建筑、交通电能替代，显著提升能效水平，加强绿色低碳科技创新，深化市场化改革，将推动全社会电气化水平持续提升[1]。这与国家电网出台的《“碳达峰、碳中和”行动方案》不谋而合[2]。由此可见，电气化水平的提升，是实现“双碳”目标的一个重要环节。

基于此，本书以新疆地区作为研究对象，调研新疆当前电气化水平发展现状及趋势；研究现有的电气化水平指标体系及电能替代潜力测算方法，并以新疆地区为例介绍评价指标体系和潜力测算方法的应用方式；总结国网新疆电力电气化水平提升策略及实施路径，为基层工作人员提供实质性的指导；最后附上一些典型的案例，供其他地区的电气化水平提升工作借鉴和参考。

## 第二节 新形势下电气化发展的新内涵

### 一、“双碳”目标的战略意义

温室气体大量排放、全球平均气温不断升高、极端天气频现等气候问题，已成为世界人民关注的焦点。在此背景下，“双碳”目标的宣布，使我国赢得了国际社会的广泛积极评价，也体现了我国作为经济大国在全球绿色低碳转型上应有的责任与担当。在此后的多个重大国际场合，我国反复重申了“双碳”目标，并强调要坚决落实。2021年中共中央、国务院发布了《关于完整准确全面贯彻新发展理念做好碳达峰碳中和工作的意见》(简称《工作意见》)。《工作意见》中提出构建绿色低碳循环经济体系、提升能源利用效率、提高非化石能源消费比重、减少二氧化碳排放、提升生态系统碳汇能力五方面主要目标，涉及能源类型的转型、生产方式的变革、森林固碳的提升、生活方式的转变等方方面面[3]。

“双碳”目标对我国绿色低碳发展具有引领性、系统性，可以带来环境质量改善和产业发展的多重效应。着眼于降低碳排放，有利于推动经济结构绿色转型，加快形成绿色生产方式，助推高质量发展。突出降低碳排放，有利于传统污染物和温室气体排放的协同治理，使环境质量改善与温室气体控制产生显著的协同增效作用。强调降低碳排放人人有责，有利于推动形成绿色简约的生活方式，降低物质产品消耗和浪费，实现节能减污降碳。加快降低碳排放步伐，有利于引导绿色技术创新，加快绿色低碳产业发展，在可再生能源、绿色制造、碳捕集与利用等领域形成新增长点，提高产业和经济的全球竞争力。

由此可见，“双碳”目标是我国基于推动构建人类命运共同体的责任担当和实现可持续发展的内在要求而作出的重大战略决策，展示了我国为应对全球气候变化作出的新努力和新贡献，体现了对多边主义的坚定支持，为国际社会全面有效落实《巴黎协定》注入强大动力，重振全球气候行动的信心与希望，彰显了中国积极应对气候变化、走绿色低碳发展道路、推动全人类共同发展的坚定决心。这向全世界展示了应对气候变化的中国雄心和大国担当，使我国从应对气候变化的积极参与者、努力贡献者，逐步成为关键引领者。

## 二、新形势下我国能源发展的新特征

一直以来，我国的能源消费都是以煤炭为主，2020年我国全年煤炭消费总量达28.28亿吨标准煤，占能源消费总量的56.8%[4]。而要实现“双碳”目标，最根本的措施是减少化石能源的生产与消费，实现能源消费增长与二氧化碳排放的脱钩。因此在未来几十年里，我国的能源系统将由高碳向低碳和零碳转型发展。

在能源供应方面，非化石能源的占比将逐步加大，甚至可能最终替代化石能源。

非化石能源，包括核能、风能、太阳能、水能、生物质能、地热能、海洋能等可再生能源。提高非化石能源在总能源消费中的比重，能够有效降低温室气体排放量，保护生态环境，降低能源可持续供应的风险。

在能源消费结构方面，能源动力形态将日益电力化。随着经济结构变化和技术革命不断加速，经济运行所需的动力形态将呈现电力化趋势。水能、风能、太阳能、核能等非化石能源都是以电能的形态服务于社会经济生活的。也就是说，非化石能源本身不具备通常意义的动力属性，必须转化为电能传输出去，而电能是实现传统能源消费高效、清洁利用的有效途径。因此动力结构优化为电力是必然趋势。

在能源利用效率方面，将坚持节能优先，持续深化工业、建筑、交通运输、公共机构等重点领域节能增效。未来几年将对重点行业实施基础设施节能改造升级、能量系统优化和梯级利用等节能降碳工程，推进重点用能设备节能增效。健全能源管理体系，提升数据中心、新型通信等信息化基础设施能效水平。

## 三、新形势下我国电气化发展的新内涵

传统的电气化主要指能源需求侧向电力转化，具体表现为工农业生产、交通运输、建筑领域、人民生活等方面使用电力的广泛程度。“双碳”目标下，能源体系的变革不再局限于能源需求侧的变革了。根据“双碳”目标要求，以及能源发展的新特征，在供应侧，电气化体现为风电、太阳能发电等新能源的大规模开发利用；在消费侧，电气化体现为电能对化石能源的深度替代[5,6]。对此可以将“双碳”背景下的电气化称为新电气化，其发展路径如图1-1所示。

在电力消费侧，以提高电能占终端能源消费比重为目标，在工业、建筑、交通、农业和生活领域广泛开展电能替代工作。在电力供应侧，以扩大非化石能源利用规模为导向，大力发展光伏、风力和水力等可再生能源发电，发挥电网资源配置平台作用❶，提高电力安全供应保障能力，提升电力系统智慧化水平❷。

❶ 发挥虚拟电厂、负荷聚合商等电网资源配置平台作用，增强用户与电网之间的互动，促进新能源消纳。

❷ 通过开展科技研发与创新工作，进一步促进电能替代技术推广和新能源发电技术发展。

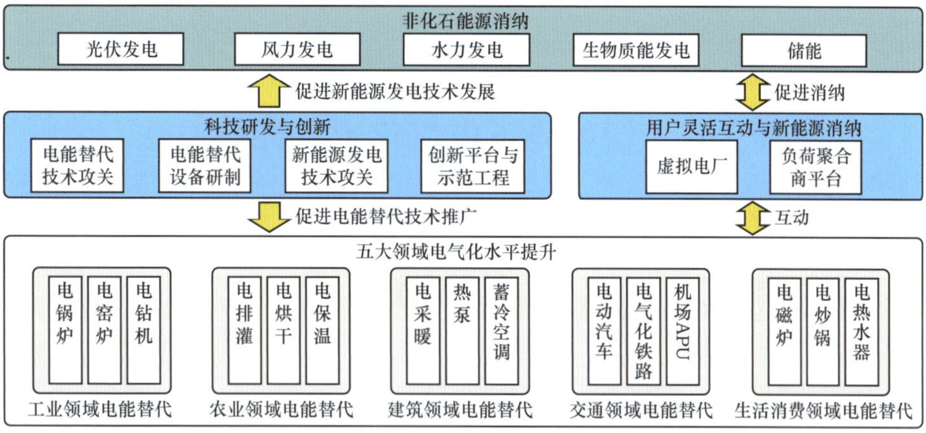


图1-1　新电气化发展路径

## 四、新形势下电能替代发展的新要求

传统的电能替代主要指终端能源消费环节，使用电能替代煤炭、燃油和天然气的能源消费方式。与传统的化石能源相比，电能具有清洁、安全、便捷等优势。实施电能替代可以提高电能占终端能源消费比重，推动能源消费结构的持续优化。因此传统的电能替代技术是推动区域电气化水平提升的关键技术手段。

但是在“双碳”目标下，我国的电气化发展有了新内涵，不再以单一的电能占终端能源消费比重为目标。为了满足新电气化发展需求，电能替代技术的发展方向也有了新的要求。

（1）电能替代方式的多样化。除了能源消费侧的电能替代石油、电能替代可燃气体和电能代替煤炭外，能源供应侧的可再生能源发电替代燃煤发电也将会成为电能替代技术的一部分。

（2）电能替代技术的高效化。未来的电能替代工作会越来越重视替代的质量，即替代前和替代后节能减碳的效果。

（3）电能替代技术更加注重经济性。未来将通过能源市场和价格驱动，以创新技术来提升电力系统运行效率及效益，以清洁能源来开展电能代替交易，以“免增容、微增容、合理增容”为手段，推动电能替代各利益相关方实现共赢，进而加快终端能源消费结构清洁化，促进全社会节能减排。

# 第三节　新形势下电气化水平评价方法

## 一、电气化评价指标国内外研究现状

衡量电气化程度的标准有不同的指标，国外具有代表性的电气化水平评价指标体系是日本提出来的[7]。该指标体系包含了两个评价指标，可以对发电侧和用电侧的电气化水平进行评价。其中第一个指标主要针对发电的能源需求，以占一次能源总需求的百分比来表示。根据该定义，发电侧的电气化程度是指电力供应者所消费的一次能源需求的百分数。第二个指标主要针对电力的需求，用电能占各种能源最终需求的百分比来表示。

我国借鉴国内外研究成果制订了一套复杂的电气化水平评价指标体系，如图1-2所示。该评价体系从电力供应低碳化、终端用能电气化、电力服务普适化和能源利用高效化四个维度进行分析，共有18个指标[1]。

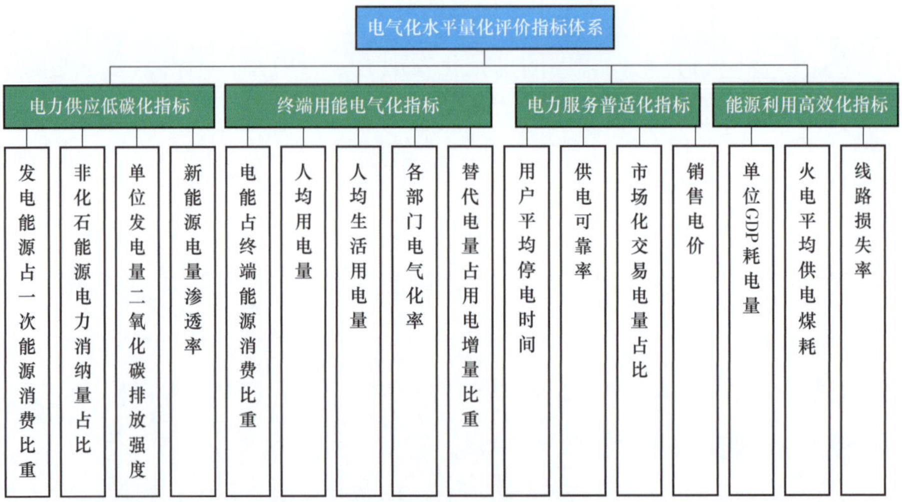


图1-2　我国电气化评价指标体系

电力供应低碳化维度的评价指标有：发电能源占一次能源消费比重、非化石能源电力消纳量占比、单位发电量二氧化碳排放强度、新能源电量渗透率。

终端用能电气化维度的评价指标有：电能占终端能源消费比重、人均用电量、人均生活用电量、工业部门电气化率、建筑部门电气化率、交通部门电气化率、替代电量占用电增加量比重。

电力服务普适化维度的评价指标有：用户平均停电时间、供电可靠率、市场化交易电量占比、销售电价。

能源利用高效化维度的评价指标有：单位GDP耗电量、火电平均供电煤耗、线路损失率。

## 二、新形势下电气化水平评价体系构建

从国内外对电气化水平评价指标来看，2个指标太少，而18个指标又太多。对此，按照以下指标选取原则对18个指标进行精简：能体现出发电侧和能源消费侧的电气化水平；能反映出电能的利用效率；指标的计算方式要简洁明了，相关计算数据容易获取。

最终得到新形势下电气化水平评价体系，如图1-3所示。

图1-3 新电气化评价指标体系

该指标体系包括电能占终端能源消费比重、人均生活用电量、非化石能源发电量占比和单位GDP电耗4个指标。其中电能占终端能源消费比重和人均生活用电量主要用于体现能源消费侧的电气化水平；非化石能源发电量占比主要用于体现发电侧的电气化水平；单位GDP耗电量主要用于反映电能的利用效率[1,8]。由此可见，通过这四个指标可以实现某个地区电气化发展水平的量化评估。

但利用将该指标体系来评价某个行业领域电气化水平时，会存在部分指标无法计算的问题，例如无法计算工业领域的非化石能源发电量占比。对此，可选取电能占终端能源消费比重这一通用性较强的指标，作为行业领域的电气化水平评价标准。

## 三、新电气化水平评价指标计算说明

**1. 电能占终端能源消费比重（%）**

电能占终端能源消费比重指电能在各终端能源消费总量中的百分比，计算公式为：

$$\text{电能占终端能源消费比重（\%）}\frac{\text{终端用电量}\times\text{电热当量}}{\text{终端能源消费总量}}\times 100\%$$

式中，电热当量为电力折算到标准煤的折算系数，具体为1.229万吨标准煤/亿千瓦时；终端用电量（亿千瓦时）为所有终端用户的总用电量，输配电过程中的线路损耗并不包含在内；终端能源消费总量（万吨标准煤）为所有终端用户的能源消费总量，能源转换过程中的损耗和能源输配过程中的损耗并不包含在内。

**2. 人均生活用电量（千瓦时/人）**

人均生活用电量指统计区域内单位人口在生活过程中每年需要消费的电量，计算公式为：

$$\text{人均生活用电量（千瓦时/人）}=\frac{\text{居民生活用电量}}{\text{年末总人口数量}}$$

式中，居民生活用电量（亿千瓦时）为统计区域内各种家用电器（如空调、冰箱、电视、电热水器等）的用电总量；年末总人口（亿人）为统计区域内常住人口的数量。

**3. 单位GDP耗电量（千瓦时/万元）**

单位GDP耗电量指统计区域内的每单位国内生产总值消耗的用电量，计算公式为：

$$\text{单位GDP耗电量（千瓦时/万元）}=\frac{\text{终端用电量}}{\text{区域生产总值}}\times 10000$$

式中，终端用电量（亿千瓦时）为所有终端用户的总用电量，输配电过程中的线路损耗并不包含在内；区域生产总值（亿元）为统计区域内的各产业生产产值之和。

**4. 非化石能源发电量占比（%）**

非化石能源发电量占比指统计区域内非化石能源的发电量占总发电量的百分比，计算公式为：

$$\text{非化石能源发电量占比（\%）}=\frac{\text{区域非化石能源发电量}}{\text{区域总发电量}}\times 100\%$$

式中，区域非化石能源发电量（亿千瓦时），包括了风力、水力、太阳能、核能和氢能等非化石能源的发电电量；区域总发电量（亿千瓦时）为化石能源（如煤炭、燃油等）和非化石能源的发电电量。

# 第二章

# 新疆电气化发展现状与趋势

# 第一节　新疆能源消费现状与趋势

## 一、新疆能源消费情况

### 1. 新疆能源消费发展情况

随着新疆地区经济的快速发展，能源消耗总量逐年攀升，能源消费结构上电能消费占比呈递增趋势、石油和天然气占比呈递减趋势。2011—2020年新疆能源消费及增长率变化情况，如表2-1所示[9]。表2-1中的煤炭消费占比指所有种类的煤炭消费占比之和，包括焦煤、焦炭等；石油消费占比指原油提炼后的所有能源消费占比，包括柴油、煤油、汽油等；电能是通过水力、风力、太阳能等方式产生的一次电力，不包含火力发电。

表2-1　　　　2011—2020年新疆能源消费总量及构成表

| 年份 | 能源消费总量（万吨标准煤） | 占能源消费总量的比重（%） | | | |
|---|---|---|---|---|---|
| | | 煤炭 | 石油 | 天然气 | 电能 |
| 2011 | 9474.5 | 66.9 | 14.9 | 12.9 | 5.3 |
| 2012 | 11293.7 | 66.8 | 14.9 | 12.5 | 5.8 |
| 2013 | 13631.8 | 66 | 13.7 | 12.5 | 7.8 |
| 2014 | 14926.1 | 65.1 | 12.4 | 15.2 | 7.3 |
| 2015 | 15666.1 | 67.1 | 12.7 | 11.6 | 8.6 |
| 2016 | 16302.2 | 67.5 | 13 | 10 | 9.5 |
| 2017 | 17386.3 | 67 | 13 | 8.6 | 11.4 |
| 2018 | 17694 | 67.1 | 12.5 | 7.9 | 12.5 |
| 2019 | 18489.8 | 67.5 | 11.8 | 7 | 13.7 |
| 2020 | 18981.8 | 68.9 | 10.7 | 6.7 | 13.7 |

从能源消费情况来看，新疆能源消费总量总体呈增长趋势，由2011年的9474.5万吨标准煤增加到2020年的18981.81万吨标准煤，翻了一番，如图2-1所示。在增长速度方面，2011—2013年能源消费总量增长较快，年均增长率近20%，之后增长速度明

显放缓，2016—2020年期间年均增长率仅3.8%。

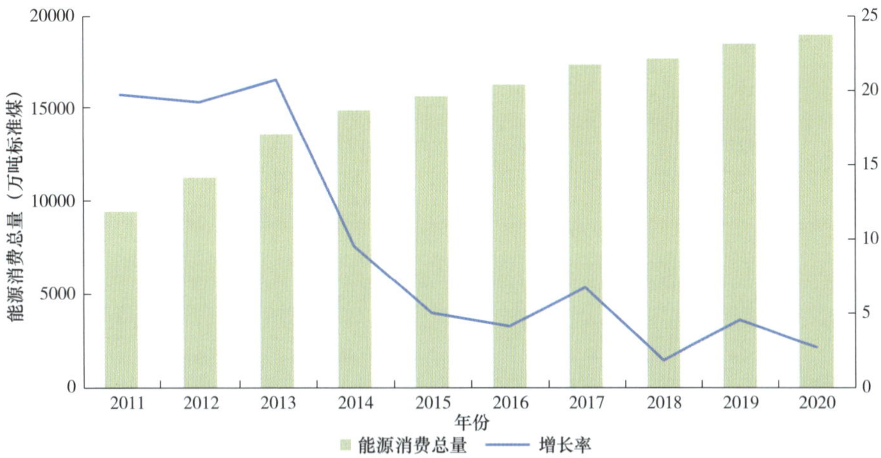


图2-1 2011—2020年新疆能源消费总量折线图

从能源消费结构上来看，2011—2020年，新疆地区煤炭资源消费比重虽有波动，但基本维持在65%以上，煤炭资源主体地位依然没有变；石油占比由2011年的14.9%下降到2020年的10.7%，下降幅度较大；天然气消费占比由2011年的12.9%下降到2020年的6.7%；电力消费由2011年的5.3%上升到2020年的13.7%，占比上升明显。

综上所述，新疆地区近十年来，煤炭消费占比保持稳定，石油和天然气的消费占比呈下降趋势，电力消费占比明显增加。

**2. 居民生活能源消费情况**

2010—2020年，新疆地区居民生活能源消费总量持续提升，能源消费结构趋向于天然气和电能，具体情况如表2-2所示。从消费总量来看，从2010年的379千克标准煤/人上升到2020年的656千克标准煤/人，年均增长率为5.6%。其中煤炭消耗在2010~2014年期间基本保持平稳，基本保持在110~120千克/人之间。然后在2015年突然增长后慢慢回落。天然气消费总量逐年上升，由2010年的21.09立方米/人增长到2020年的60.73立方米/人，增长了2.88倍，这与政府提倡清洁能源消费和大力开发天然气是分不开的。液化石油气的消费量整体呈下降趋势，由2010年的5.64千克/人下降到2020年的2.29千克/人，主要是因天然气替代了液化石油气的消费。同样增长较快的还有电力消费，由2010年的215.90千瓦时/人增长到2020年的495.28千瓦时/人，年均增长率为8.7%。

表2-2　　2010—2020年新疆人均生活消费能源

| 年份 | 人均生活消费能源（千克标准煤/人） | 煤炭（千克/人） | 电力（千瓦时/人） | 液化石油气（千克/人） | 天然气（立方米/人） |
|---|---|---|---|---|---|
| 2010 | 379 | 116 | 215.9 | 5.64 | 21.09 |
| 2011 | 427 | 116 | 250.32 | 5.18 | 25.92 |
| 2012 | 452 | 114 | 276.64 | 5.02 | 25.86 |
| 2013 | 514 | 113 | 298.1 | 4.09 | 39.53 |
| 2014 | 522 | 111 | 317.32 | 4.02 | 43.25 |
| 2015 | 554 | 229 | 340.48 | 4.81 | 45.18 |
| 2016 | 584 | 235 | 332.08 | 5.15 | 50.23 |
| 2017 | 618 | 248 | 352.73 | 7.46 | 44.05 |
| 2018 | 662 | 237 | 384.28 | 4.66 | 60.52 |
| 2019 | 654 | 183 | 433.28 | 2.82 | 53.75 |
| 2020 | 656 | 158 | 495.28 | 2.29 | 60.73 |

由此可见，随着人们收入水平、消费观念和消费结构的变化，居民能源消费的偏好发生了重大的转变，生活用能的结构也发生了显著变化，更多的人放弃污染较为严重的煤炭，选择使用优质燃料。根据现有的数据可以预测，未来几年天然气和电力的消费占比将会越来越高。

## 二、新疆电力能源消费情况

2016—2020年期间，新疆电力消费持续增长，其中工业占据电力消费的主导地位，各行业的电力消费情况如表2-3所示[9]。从表中可见，新疆电力消费总量逐年增长由2016年的2362.58亿千瓦时增长到2020的3174.19亿千瓦时，年均增长率7.7%。其中工业的电能消费增长最为明显，2016—2020年期间总用电量增长了377.53亿千瓦时，占总增长量的46.5%。

表2-3　2016—2020年新疆各行业电力消费　（单位：亿千瓦时）

| 项目＼年份 | 2016 | 2017 | 2018 | 2019 | 2020 |
|---|---|---|---|---|---|
| 消费总量 | 2362.58 | 2575.84 | 2817.04 | 3002.54 | 3174.19 |
| 农、林、牧、渔业 | 131.41 | 132.12 | 119.3 | 131.22 | 137.53 |
| 工业 | 2023.47 | 2202.91 | 2392.15 | 2500.61 | 2580.44 |
| 建筑业 | 15.2 | 16.53 | 21.81 | 24.13 | 22.59 |
| 交通运输仓储和邮政业 | 25.47 | 30.54 | 38.78 | 42.41 | 42.19 |
| 批发零售住宿和餐饮业 | 30.17 | 33.52 | 38.19 | 44.54 | 46.09 |
| 其他 | 56.93 | 73.65 | 110.74 | 149.6 | 217.96 |
| 居民生活 | 79.93 | 86.57 | 96.07 | 110.03 | 127.39 |

## 三、新疆能源消费趋势分析

根据新疆近几年能源消费情况预测，未来几年新疆能源消费总量和电能消费总量仍然会随着社会经济的发展保持持续增长的趋势，且电能消费占比将会越来越高。

从能源消费总量变化趋势来看，近三年新疆能源消费的平均增长率约为3%。按2.5%的年均增长率保守估算，则2022—2025年的能源消费总量如图2-2所示，到2025年能源消费总量预计能达到21476万吨标准煤。

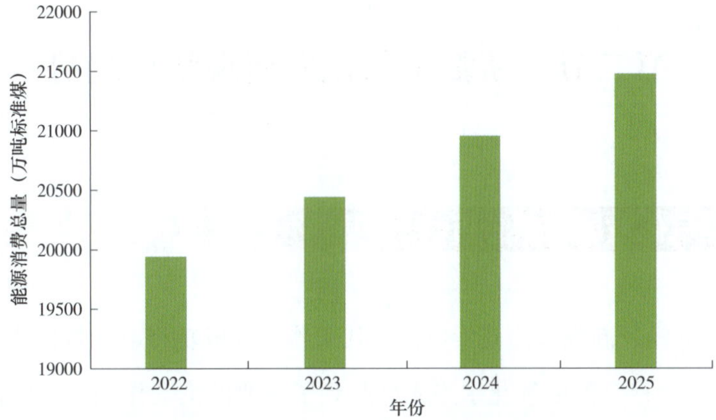


图2-2　2022—2025年新疆能源消费总量预测

从电能消费总量变化趋势来看，2016—2020年期间新疆用电量年均增长率为7.6%，总体增长速度也是有所放缓。按6%的年均增长率保守估算，则2022—2025年的电能消费总量如图2-3所示，到2025年电能消费总量预计能达到4247亿千瓦时。

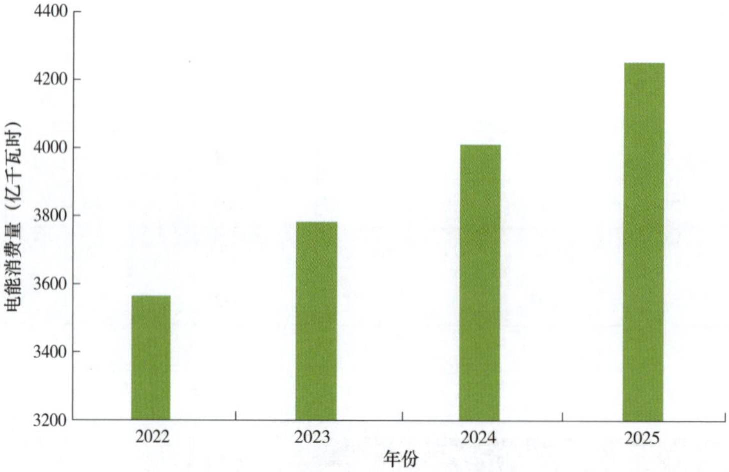


图2-3　2021—2025年新疆电能消费量预测

从能源消费结构变化趋势来看，“双碳”目标下，煤炭和石油的消费占比将会有所下降，电能消费占比将持续提升。结合表2-1的数据大致可以预测出，到2025年新疆煤炭和石油的消费占比将比2020年减少5%以上，天然气的消费占比将保持平稳，电能消费占比提高5%以上。

## 第二节　新疆电气化发展现状与趋势

### 一、新疆电气化发展现状分析

“十三五”期间，新疆大力开展电能替代工作，并成功将电能替代技术推广到多个领域中，对新疆全社会的电气化水平发展起到了必要的推动作用，电气化指标有了明显的增长。

在电能替代工作成效方面，累计实施电能替代项目4.69万个，实现替代电量280亿千瓦时，减少标准煤消耗945万吨，减排二氧化碳超2350万吨，节能减排效果显著。电能替代增幅明显，如图2-4所示，年替代电量呈现递增趋势从2016年的15.21亿千瓦时提高到2019年的93.6亿千瓦时。其中2017—2018年，电能替代工作成效尤其显著，替代电量增加了41亿千瓦时。

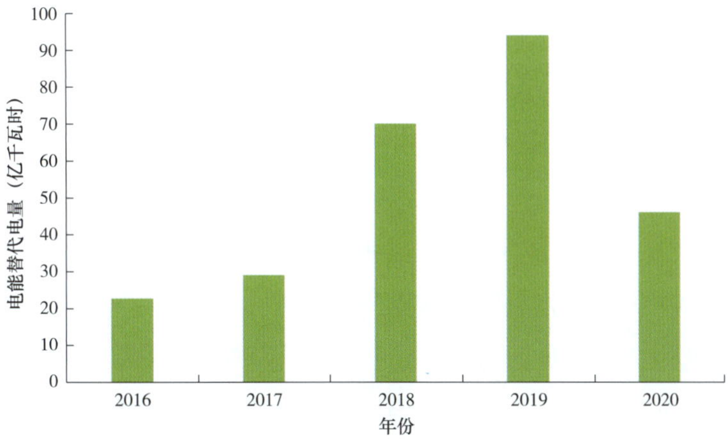


图2-4　2016—2020年新疆电能替代电量

在电能替代技术推广方面，传统的电能替代技术中除电蓄冷空调、船舶岸电以外，其余电能替代技术都得到了不同程度的应用。电能替代技术不断创新升级，电能替代电量以工农业生产制造领域为主导，电力供应与消费领域、交通运输领域、居民采暖领域及家庭电气化领域协同发展。

在供电保障方面，新疆累计投资170.82亿元，用于农网升级改造、无电地区电力建设和城市电网优化，进一步提高电网覆盖区域和供电质量。解决12个地州77个县的无电户用电问题，21个完全无电乡、281个完全无电村实现了通电，使近百万无电农牧民生产生活进入电气化时代，400余万农牧民用电条件得到了改善。

在电气化水平提升方面，2016年和2020年新疆的电气化指标对比分析如表2-4所示。从表中可见，与2016年相比，2020年的电气化指标有了全面增长，正面肯定了新疆电能替代工作的成效。但从具体指标来看，新疆的电气化发展存在一定的不平衡，具体体现在电能占终端能源消费比重和非化石能源发电量占比上处于国内先进水平，人均生活用电量和单位GDP耗电量上却处于落后水平。

表2-4　　2016年和2020年新疆电气化指标对比分析

| 电气化指标 \ 年份 | 2016 | 2020 | 年均增长量 |
| --- | --- | --- | --- |
| 电能占终端能源消费比重 | 25% | 29.8% | 1.2个百分点 |
| 人均生活用电量（千瓦时/人） | 329 | 491 | 40.5 |
| 非化石能源发电量占比 | 18.3 | 20.84 | 0.635个百分点 |
| 单位GDP耗电量（千瓦时/万元） | 2453 | 2172 | -70.25 |

### 1. 电能占终端能源消费比重

2020年新疆电力消费总量为3174.19亿千瓦时，减去输配电损耗108.74亿千瓦时，则消费侧的电力消费总量为3065.45亿千瓦时（折算为3767.43万吨标准煤）。全社会能源消费总量为18981.81万吨标准煤，能源加工转换损失和能源输配损失为6357.56万吨标准煤，则消费侧的能源消费总量为12624.25万吨标准煤。2020年新疆电能在终端能源消费占比为29.8%，相比于2016年的25%提升了4.8%，年均增长率为1.2%。

2020年新疆的电能占终端能源消费比重与国内其他主要省份对比情况如图2-5所示[10-13]。从图中可见，新疆的电能占终端能源消费比重接近广东和江苏这些电气化水平相对较高的省份。

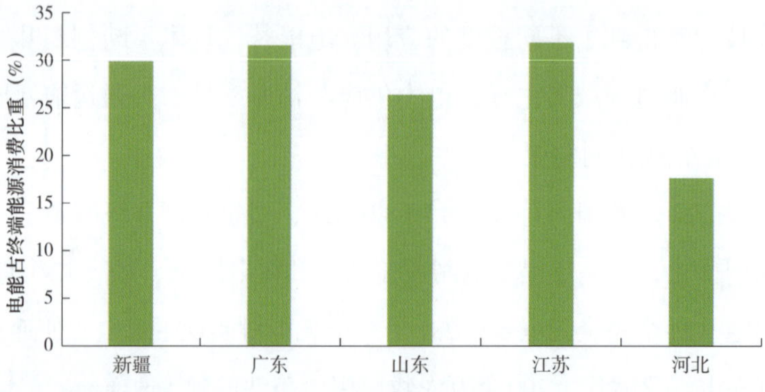


图2-5　国内主要省份电能占终端能源消费比重

### 2. 人均生活用电量

2020年新疆生活用电总量为127.39亿千瓦时，人口总量为2590万人。2020年新疆人均生活用电量约为492千瓦时/人，相比2016年的329千瓦时/人，增长了162千瓦时/人，年均增长量率为10.5%。

2020年新疆人均生活用电量与国内其他主要省份对比情况，如图2-6所示。从图中可见，我国经济发达地区人均生活用电量基本能达到700千瓦时/人以上。相比之下，新疆仅有492千瓦时/人。这主要因为新疆农村居民占比高（2020年占比43.47%），经济收入水平相对较低，各种生活电器的数量、种类和使用频率上都不及城镇居民用户。

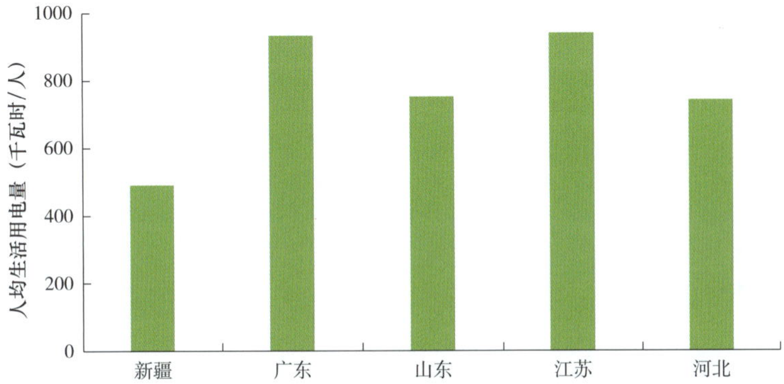


图2-6　2020年国内主要省份的人均生活用电量

### 3. 非化石能源发电量占比

2020年总发电量为4121.86亿千瓦时，其中水力发电268.2亿千瓦时、风力发电433.65亿千瓦时、太阳能发电157.15亿千瓦时。2020年新疆非化石能源发电量占比为20.84%，相比于2016年的18.3%，提高了2.54%。

2020年新疆非化石能源发电量占比与国内其他主要城市对比情况如图2-7所示。从图中可以看出由于新疆风、光资源丰富，加上近几年大力建设风力和光伏项目，使得非化石能源发电量占比处于国内先进水平。而山东、江苏、河北等地受限于当地的

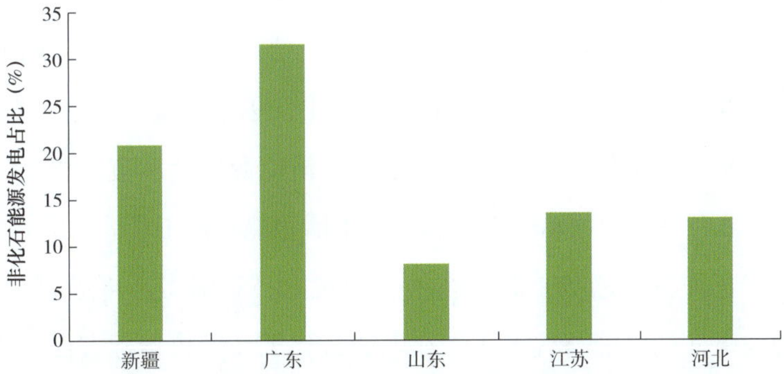


图2-7　2020年国内主要省份的非化石能源发电量占比

资源，非化石能源发电量占比相对较低。

#### 4. 单位GDP电耗

2020年生产总值为13797.58亿元，电力消费总量为3065.45亿千瓦时。2020年新疆单位GDP电耗为2172千瓦时/万元，相比于2016年的2453千瓦时/万元降低了281千瓦时/万元，降幅12.9%。

2020年新疆单位GDP耗电量与国内其他主要城市对比情况如图2-8所示。从图中可见，新疆单位GDP耗电量远高于全国的平均水平。出现这种现状的主要原因在于新疆高耗能产业比重偏大、增长较快。

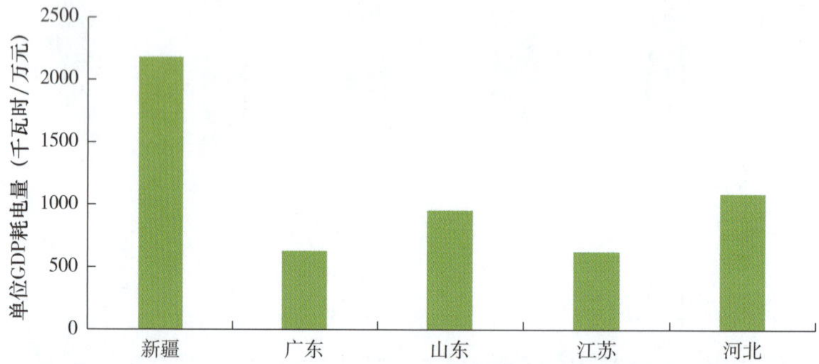


图2-8　2020年国内主要省份的单位GDP耗电量

## 二、新疆电气化发展趋势分析

国家和新疆最新的政策文件显示，电能替代已成为新疆地区的一种常态化工作，因此新疆地区的电气化水平将呈现出持续提升的发展趋势[14-15]。

从发展目标来看，新疆将以能源网架为基础、信息支撑为依托、价值创造为引领，充分发挥新疆能源资源和区位优势，实施“五大引领示范工程”，全力打造新疆能源生产和消费革命示范区。具体的示范工程包括：清洁能源发展示范工程、“电气化新疆”建设示范工程、能源高效利用示范工程和美好生活用能示范工程。

从电能替代工作发展趋势来看，在推广领域上，新疆将不再局限于能效消费侧，还会关注能源发电侧的电能替代工作。在电能替代工作考核指标方面，将不再以替代电量作为唯一的标准，还会综合考虑节能减排效果。在电能替代技术研究方面，将会把研究重点从传统的电能替代技术（如电锅炉、电窑炉等）转移到新兴技术上（如热泵、蓄能、氢能等）。在推广实施过程方面，未来新疆将结合本地电网建设情况和产业发展趋势，因地制宜，稳步有序开展相关工作。

从电气化发展指标来看，新疆当前人均生活用电量和单位GDP耗电量这两个均落后于全国平均水平，体现了能源消费重点用于工农业生产领域、且能耗水平远远高于全国平均水平，能源消费总量中燃煤、燃油等形式所占比重非常显著。因此在未来的工作中，新疆将会更加注重这两个指标的提升，在电气化发展方向应重点解决以上问题。

## 第三节　新疆细分行业电气化水平现状与趋势评估

### 一、工业领域电气化水平现状与趋势

**1. 整体发展现状**

新疆工业领域电气化水平处于平稳发展状态。虽然“十三五”期间新疆工业领域的电能消费占比与能效水平都有了一定的提升，但与新疆全社会电气化发展速度相比仍存在一定的差距。此期间，新疆工业领域能源消费总量增长情况如图2-9所示，从12147.35万吨标准煤提升到14212.44万吨标准煤，年均增长率4.0%；新疆工业领域电

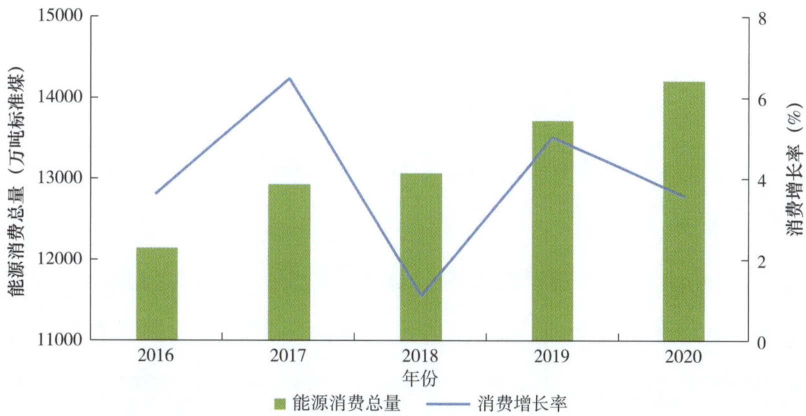


图2-9　2016—2020年新疆工业领域能源消费总量及其增长率

能消费总量增长情况如图2-10所示，从2023.47亿千瓦时提升到2580.44亿千瓦时，年均增长率6.3%；新疆工业领域电气化水平如图2-11所示，从30.3%提升到34.2%，提高了3.9个百分点。

图2-10 2016—2020年新疆工业领域电能消费总量及其增长率

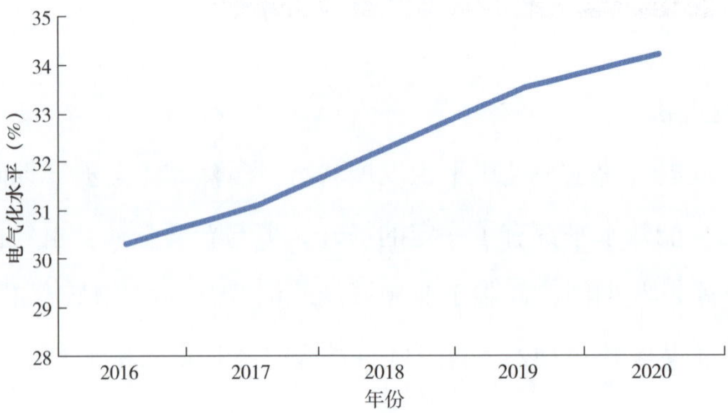


图2-11 2016—2020年新疆工业领域电气化水平

### 2. 高耗能行业电气化水平发展现状

“十三五”期间新疆高耗能行业的电气水平有所提升，但不同行业的电气化水平提升速度有明显的区别。

“十三五”期间新疆工业领域能源消费总量排名前六的行业分别为：有色金属冶炼及压延加工业、化学原料及化学制品制造业、石油加工炼焦及核燃料加工业、电力热力的生产和供应业、采掘业和非金属矿物制品业。这六个行业在2016年和2020年的电能消费如表2-5所示，电能消费占比如表2-6所示。

表2-5　　2016年和2020年新疆高耗能行业电能消费

| 行业 | 2016电能消费（亿千瓦时） | 2020电能消费（亿千瓦时） | 增长率（%） |
| --- | --- | --- | --- |
| 有色金属冶炼及压延加工业 | 950.90 | 976.21 | 2.66 |
| 化学原料及化学制品制造业 | 411.43 | 485.38 | 17.97 |
| 石油加工炼焦及核燃料加工业 | 58.22 | 108.63 | 86.59 |
| 电力热力的生产和供应业 | 263.29 | 480.01 | 82.31 |
| 采掘业 | 73.66 | 131.37 | 78.35 |
| 非金属矿物制品业 | 83.57 | 125.77 | 50.50 |

表2-6　　新疆高耗能行业电能消费占比

| 行业 | 2016电能消费占比（%） | 2020电能消费占比（%） | 增长量 |
| --- | --- | --- | --- |
| 有色金属冶炼及压延加工业 | 38.67 | 38.40 | -0.27个百分点 |
| 化学原料及化学制品制造业 | 16.38 | 19.32 | 2.94个百分点 |
| 石油加工炼焦及核燃料加工业 | 5.25 | 6.93 | 1.68个百分点 |
| 电力热力的生产和供应业 | 33.18 | 34.84 | 1.66个百分点 |
| 采掘业 | 7.63 | 11.93 | 4.30个百分点 |
| 非金属矿物制品业 | 12.29 | 16.10 | 3.81个百分点 |

从总体来看，结合表2-5和表2-6可以发现，除了有色金属冶炼及压延加工业外，剩余的高耗能行业的用电量和电能消费占比都有所提升。

分行业来看，2016—2020年期间化学原料及化学制品制造业、采掘业、非金属矿物制品业电气化水平提升速度相对较快，其他高耗能行业的提升速度则相对较慢，特别是有色金属冶炼及压延加工业在2016—2020年期间电能消费占比几乎保持不变。

**3. 电气化水平发展趋势**

未来几年，新疆工业领域的电气化发展将以提高发展速度和发展质量为目标，打破电气化发展速度慢，水平低等困境。首先从政策文件来看，政府的规划文件中已经明确指出要深化工业供给侧结构性改革，实施产业基础再造工程和新一轮传统产业重大技术改造升级工程，推动化工、纺织、有色、钢铁、建材等传统产业工艺改进、提质增效，促进传统产业高端化、智能化、绿色化。其次从技术发展角度，随着中高频冶金电炉、数字电热隧道窑、蒸汽电（蓄）锅炉、高温空气源热泵等电能替代技术的发展和推广应用，将会持续改善高耗能行业的生产工艺水平，大幅提升产品质量和附加值，提高电能消费占比，降低单位GDP耗电量。

## 二、建筑领域电气化水平现状与趋势

### 1. 发展现状

“十三五”期间，新疆建筑领域电气化水平发展迅速。能源消费总量增长情况如图2-12所示，从2400.79万吨标准煤提升到3194.43万吨标准煤，年均增长率7.4%。电能消费总量增长情况如图2-13所示，从182.23亿千瓦时提升到414.03亿千瓦时，年均增长率22.8%。新疆建筑领域电气化水平如图2-14所示，从28.3%提升到37.8%，提高了9.5个百分点。

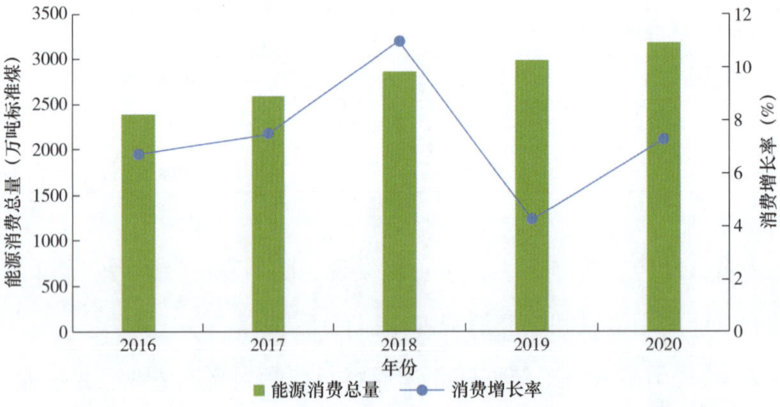


图2-12　2016—2020年新疆建筑领域能源消费总量及其增长率

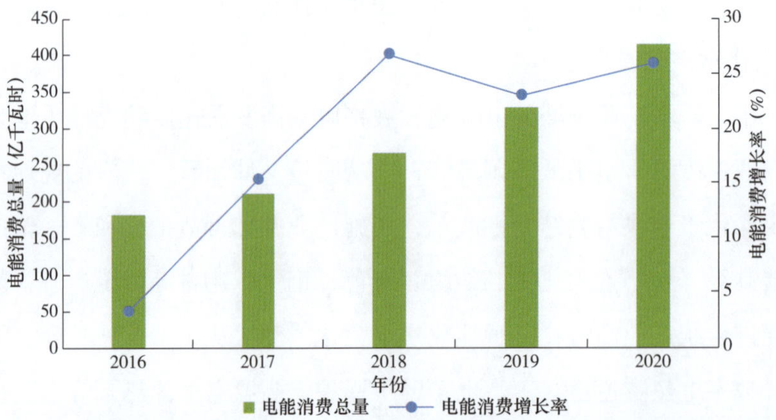


图2-13　2016—2020年新疆建筑领域电能消费总量及其增长率

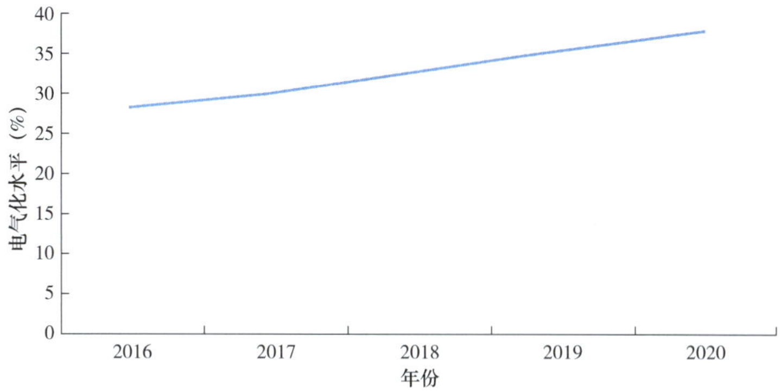


图2-14　2016—2020年新疆建筑领域电气化水平

**2. 发展趋势**

建筑领域的节能降耗已经成为行业发展的趋势，未来随着建筑领域电能替代工作的推进，建筑领域的电气化水平还会进一步提升。从近几年政策文件上可以看出国家鼓励建设超低能耗建筑和近零能耗建筑，严格要求新建建筑节能，推进公共建筑执行节能75%标准，与建筑关联度强、密不可分的行业，要坚持自治区统筹、兵团参与，共同编制、共同实施，因地制宜采用可再生能源、燃气、电力、热电联产等方式加快供暖燃煤锅炉替代，逐步开展公共建筑能耗限额管理。充分发挥电力在建筑终端消费清洁性、可获得性、便利性等优势，建立以电力消费为核心的建筑能源消费体系。从技术发展角度看，热泵、蓄热电锅炉、蓄冷空调及分散电采暖等技术的推广，将有效降低煤炭、天然气的使用，提高建筑领域电气化水平，推动绿色建筑高质量发展[16-17]。

## 三、交通领域电气化水平现状与趋势

**1. 发展现状**

新疆交通领域电气化水平处于平稳发展状态。“十三五”期间新疆交通领域总能源消费情况如图2-15所示，总体呈现减少趋势，从2016年的1075.04万吨标准煤减少到2020年的942.54万吨标准煤，年均增长率为-3.3%；但在电能消费总量方面呈增长趋势，具体增长情况如图2-16所示，从25.47亿千瓦时提升到42.19亿千瓦时，年均增长率13.4%；电气化水平如图2-17所示，从2.9%提升到5.5%，提高了2.6个百分点。

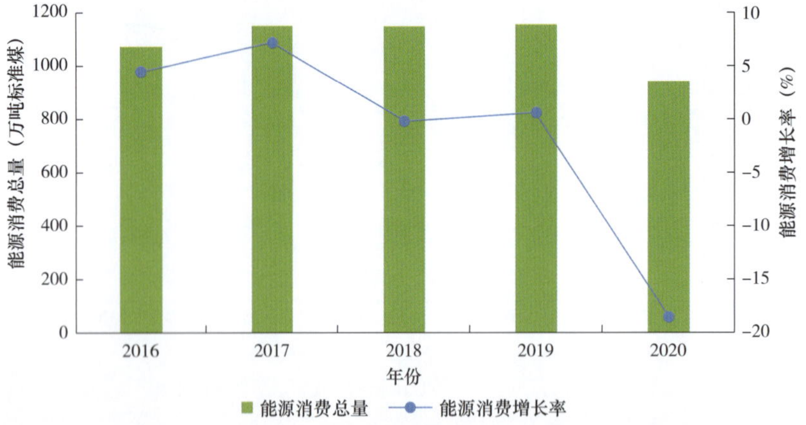


图2-15　2016—2020年新疆交通领域能源消费总量及其增长率

图2-16　2016—2020年新疆交通领域电能消费总量及其增长率

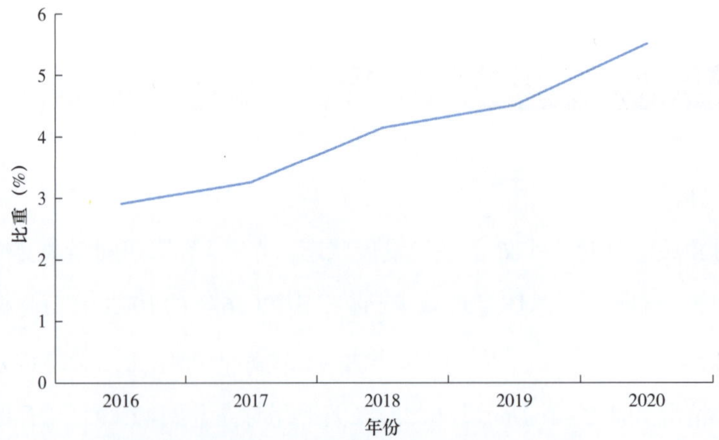


图2-17　2016—2020年新疆交通领域电气化水平

### 2. 发展趋势

电动汽车和电气化铁路相对于燃油汽车和传统的铁路交通已经展现出一定的经济和技术优势，在国家政策推动和新型技术的发展下，交通领域的电气化水平未来将会有更大的提升空间。

首先从政策层面上看，国家明确指出要积极推动新能源汽车产业发展和推广应用，对新能源汽车发展和推广应用工作进行了研究部署和实施了新能源汽车产业技术创新工程，对企业制定了严格的考核制度和给予优惠补贴。新疆地区明确指出要加快推进地区优势电力资源转换，有效促进以纯电动、插电式混合动力（含增程式）和燃料电池为主的新能源汽车推广应用，推动汽车产业结构调整和转型升级。

其次从技术层面上来看，电动汽车高压化大功率直流快速充电技术、无线化智能电池管理系统、大容量4680电池、高续航电动汽车等技术将会一一突破。届时电动汽车综合的性能将超越燃油汽车成为购买汽车的首选项。

## 四、农业领域电气化水平现状与趋势

### 1. 发展现状

新疆农业领域电气化水平处于平稳发展状态。“十三五”期间，新疆农业领域能源消费总量及其增长率如图2-18所示，2016到2017年间，从679.01万吨标准煤提升到722.46万吨标准煤，年均增长率为6.4%；2017到2018年间，呈下降趋势，下降至612.67万吨标准煤；2018—2020年能源消费总量逐步上升，2020年达到632.39万吨标准煤，年均增长率为1.6%。

“十三五”期间，新疆农业领域电能消费总量从2016年的131.41亿千瓦时增加到2020年的137.53亿千瓦时，增长量为6.12亿千瓦时，年均增长率为1.1%，如图2-19所示；电气化水平从2016年的34.5%提升到2020年的41%，提高了6.5个百分点，如图2-20所示。

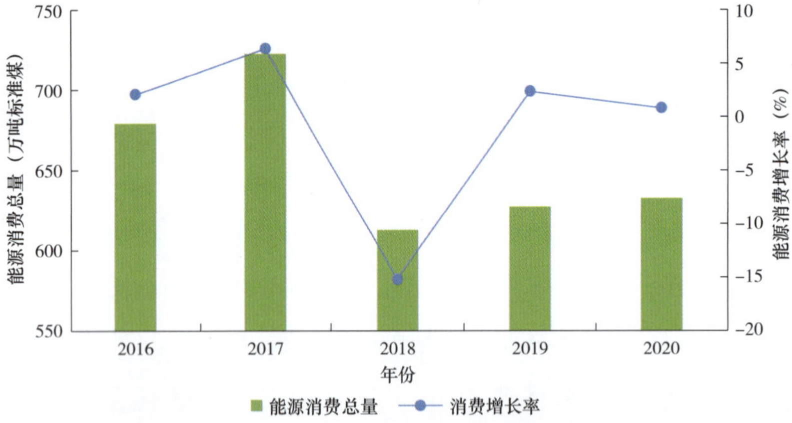


图2-18　2016—2020年新疆农业领域能源消费总量及其增长率

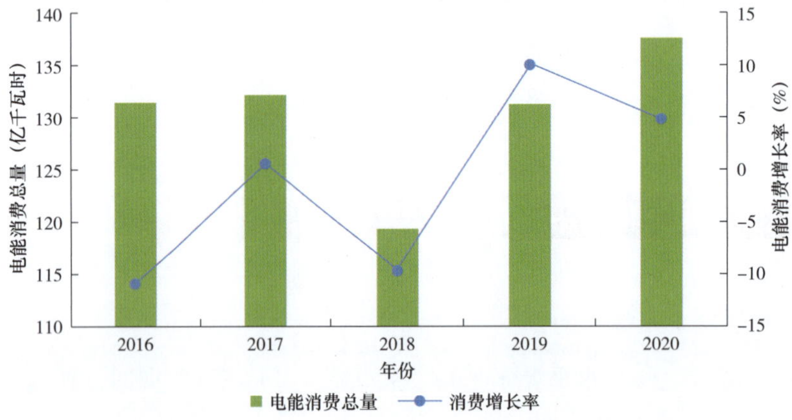


图2-19　2016—2020年新疆农业领域电能消费总量及其增长率

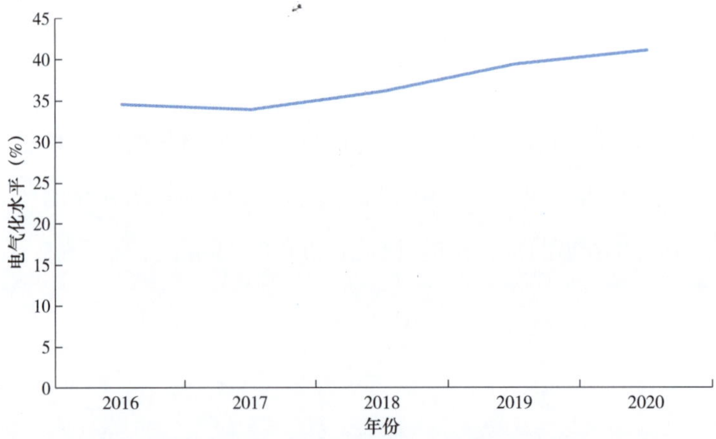


图2-20　2016—2020年新疆农业领域电气化水平

**2. 发展趋势**

新疆农业领域电气化发展在未来几年仍将保持平稳发展趋势，电能消费比重也将会不断上升。首先从政策文件上看，自治区的目标纲要指出必须坚持农业农村优先发展总方针，大力实施乡村振兴战略，建立健全城乡融合发展体制机制，加快推进农业农村现代化[18]。政府规划文件中也明确指出要加强乡村清洁能源建设，提高电能在农村能源消费中的比重。其次从技术发展角度上看，因地制宜推动农村地区光伏、风电发展，推进农村生物质能源多元化利用，加快构建以可再生能源为基础的农村清洁能源利用体系。强化清洁供暖设施建设，加大生物质锅炉（炉具）、太阳能集热器等推广应用力度，推动北方冬季清洁取暖。

## 五、居民生活领域电气化水平现状与趋势

**1. 发展现状**

“十三五”期间，新疆居民生活领域电气化水平处于平稳发展状态。能源消费总量从1404.9万吨标准煤增加到1687.39万吨标准煤，年均增长率4.7%，如图2－21所示；电能消费总量增长情况从79.93亿千瓦时增加到127.39亿千瓦时，增长量为47.46亿千瓦时，年均增长率12.4%，如图2－22所示；电气化水平从6.9%提升到9.2%，提升了2.3个百分点，如图2－23所示。

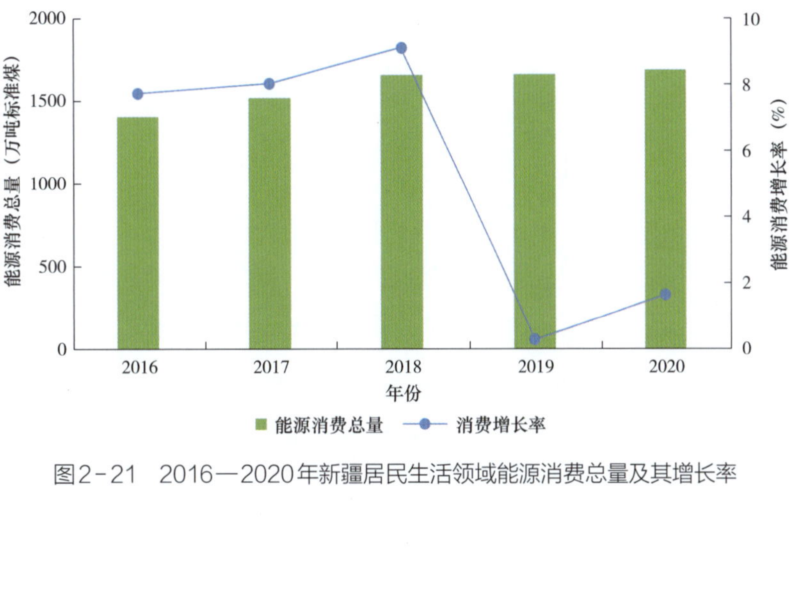


图2－21　2016—2020年新疆居民生活领域能源消费总量及其增长率

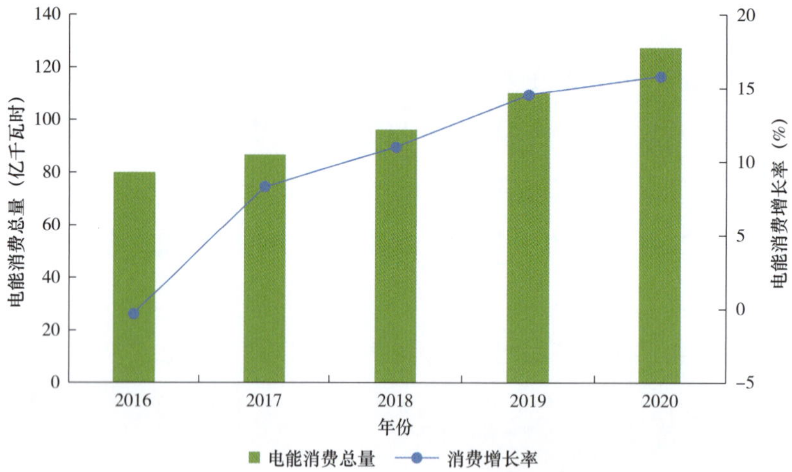


图2-22　2016—2020年新疆居民生活领域电能消费总量及其增长率

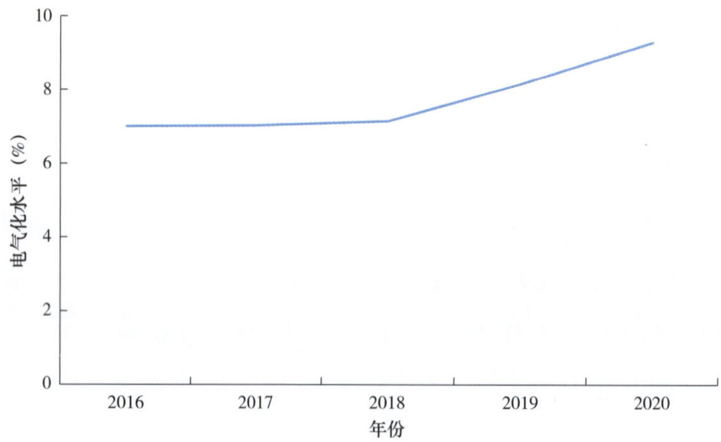


图2-23　2016—2020年新疆居民生活领域电气化水平

### 2. 发展趋势

未来几年新疆居民家庭生活领域的用能和用电量还会继续提升，电能占比也将会越来越大。首先从政策文件上看，现有的政策文件明确指出在居民生活领域要持续推进清洁取暖，在现有集中供热管网难以覆盖的区域，推广电驱动热泵、蓄热式电锅炉、分散式电暖器等电采暖，同步推进炊事等居民生活领域“煤改电”，助力重点区域平原地区散煤清零[15]。可以见居民生活领域的电气化水平提升已成为政府部门工作重点之一。其次从技术发展角度上看，随着各种高效节能电气的研发，新疆居民生活领域用电量以及能效水平还能进一步提升。

# 第三章

# 新疆电气化水平提升潜力分析

# 第一节　电能替代潜力分析方法

## 一、电能替代潜力影响因素分析

电能替代潜力，主要是指根据区域内能源（煤炭、石油、天然气等）消费现状、社会发展、经济水平、政策和技术等因素，分析和预测未来一段时间内电能替代工作的推广实施情况，从而测算出未来一段时间内的电能替代量。因此电能替代潜力的主要影响因素包括环保因素、经济因素、技术因素和政策因素四个方面[19-21]。其中经济因素主要为经济发展和产业结构。

**1. 环保因素**

当环境压力较大时，地区政府必然会加强电能替代的实施力度，出台更多的环境限制类政策，提出环境保护的整体目标与要求，迫使相关产业或行业改变现有的能源消费方式以及生产技术，推动电能替代技术在其生产过程中的应用实施。由此可见，环境压力倒逼着电能替代事业的发展。

从新疆当前的环保政策来看，已出台的环境规划文件中明确指出要严格控制煤炭消费，加强能耗“双控”管理，合理控制能源消费增量，优化能源消费结构，对“乌（乌鲁木齐）—昌（昌吉）—石（石河子城市群）”“奎（奎屯）—独（独山子）—乌（乌苏）”等重点区域实施新建用煤项目等量或减量替代。因此环境压力对于新疆电能替代工作或电气化水平的提升，具有促进作用。

**2. 电能替代项目的经济性**

电能替代的经济性影响着终端用户实施电能替代的主动性和积极性。作为发展中国家，经济社会发展水平导致能源价格成为影响我国用户用能的一个重要因素，各类能源的市场竞争力很大程度上取决于用户对该能源品种价格的接受程度。因此，电能替代的经济性主要取决于电能相比于其他能源的成本。

用户终端用能主要有电力、煤炭、天然气、煤气和液化石油气五大类。从各类能源品种的单位发热量来看，液化石油气最高，约为50179千焦/千克；电力最低，约为3596千焦/千瓦时。从终端利用效率来看，电能最高，通常大于90%；燃煤最低，我国燃煤锅炉实际运行效率大多在60%～65%，有的甚至在30%～40%；工业窑炉效率为40%左右；居民散烧煤效率普遍低于20%。与燃煤锅炉、窑炉和居民散烧煤炭、石油相比，电气设备的能源利用效率要高出很多，电锅炉的效率一般为90%以上，电炊具约为60%，且使用过程清洁、零排放。基于各类能源品种的单位发热量和终端利用效率，可以估算出不同类型的电能替代技术的经济性，具体见附录3。

**3. 技术因素**

各电能替代项目开展的根本要求是电能替代技术的实践可行性，因此一项电能替代技术的应用成熟度直接决定了该技术的市场推广潜力。电采暖、蓄热式电锅炉、电动汽车等技术已经具备市场大面积推广的成熟度，在技术层面上，实现全面的电能替代是可行的，为电能替代项目在实际当中的实施提供了基本保障，因此电能替代事业得到进一步发展，市场规模不断扩大，同时，随着新电能替代技术的应用，可实施电能替代的领域与项目也将增加，进一步推动电能替代市场的发展，不断增大地区电能替代潜力。

从新疆的电能替代技术水平来看，“十三五”期间新疆在居民采暖领域、工业生产制造领域、农业生产加工领域、电力供应与消费领域、全电景区领域、商业餐饮领域和清洁取暖领域累计实施电能替代项目4.69万个，相关电能替代技术包括分散电采暖、电（蓄）热锅炉、热泵、工业电锅炉、建材电窑炉、农业电排灌、农业辅助生产、电动车、轨道交通、港口岸电、机场桥载APU替代、电厂替代发电、家庭电气化等。由此可见，新疆的电能替代技术水平已满足实际推广需求。

**4. 政策因素**

电能替代的有序推进与科学合理的政策保障密不可分。价格政策、财税政策、投资和融资政策等的完善程度将对电能替代的潜力产生较大影响。

价格政策：能源价格机制和电价机制影响电能替代潜力。一是能源价格机制，能源价格是影响用户选择能源品种和能源消费方式的重要因素，合理的能源比价关系能够有效引导消费者选择清洁、高效能源。因此，应完善现有能源价格机制，使电力与其他能源形成合理的比价关系，确保价格信号有效传递，促使用户从费用节约向资源节约的观念转变。二是电价机制，电价机制是影响用户电力需求的重要因素之一，电价高低直接影响到用电设备的经济性，许多用电设备只有在获得某些电价政策的支持后才能体现其经济优势。因此，合理的电价机制对提高电能的竞争力十分重要，尤其是峰谷分时电价对蓄能式用电设备的经济性具有直接影响。

财税政策：对电能替代技术研发进行财政补贴能够有效地促进技术的进步，提升发展空间。此外，税收优惠能够引导用户选择电能替代设备，如对购买电能替代设备的用户减少或减免税收，下调电能替代设备的进口税率等。

投资和融资政策：融资渠道和投融资机制影响电能替代潜力。一是融资渠道，采取发行股票、债券等资本化方式拓宽直接融资渠道；吸引民营资本和社会资本的进入，如设立专项贷款、使用第三方融资模式等，能够打通电能替代研发与生产的融资渠道。二是投融资机制，激励金融机构拓展适合电能替代技术设备推广的融资方式和配套金融服务，提高金融服务效率和质量，能够解决电能替代推广的资金问题，提升其发展空间。

## 二、现有的电能替代潜力测算方法分析

国内对于电能替代潜力值测算方法的研究已有不少的成果，其中比较典型的测算方法主要有以下两种。

**1. 基于自然增长率的电能替代潜力测算方法**[22]

该方法将电能替代潜力分为理论潜力、技术潜力、经济潜力和环保潜力四种。

理论潜力主要指本地区能源（煤炭、石油、天然气等）消费现状和各行业用能发展趋势，以满足用户用能需求为目标，将所有以用能为目的的能源替代成电能。

技术潜力主要从技术可行性角度考虑的电能替代量值，只考虑技术以及工艺等是否可替代，具体的潜力测算方式有两种。第一种测算方式是根据调查数据或其他方法测算替代设备的总燃料消耗量，根据燃料的热值、现有设备和替代设备的能效，以替代前后获得能量相同为原则进行潜力估算。第二种测算方式是根据调查数据或其他方法测算替代设备的总容量，取替代设备典型运行小时数，综合考虑替代设备的使用效率，可测算出该设备电能替代潜力。

经济潜力指不考虑能源消费的环境污染物排放的外部成本和环保要求，仅考虑能源消费价格水平、投资、财税和补贴等条件下的效益成本比为正的电能替代量值。经

济潜力的测算可以根据设备的一些其他指标按比例直接估算潜力。或者根据已有设备燃料用量、价格、设备价格、替代设备价格、替代后电量和电价水平，以及是否能够回收成本来测算潜力。

环保可行潜力定义为参考国内外有关环境污染物治理成本，以及地区经济发展、环保要求和排污收费标准的差异，将能源消费的污染物排放的外部成本内部化，按现行能源消费价格水平，以及投资、财税和补贴等政策条件，并按适当的排放收费或罚款水平计算散烧煤、中小工业锅炉和窑炉等用户的电能替代量值。对于强制淘汰类设备可以按其所占经济潜力比重来测算。对于补贴更换类设备则是考虑补贴设备所占比例。

该方法的优点在于理论计算模型比较简单，不涉及复杂的预算；各种潜力值的计算结果基本以调研数据为支撑，具有较高的实际指导意义。但该方法的缺点在于潜力值的类型划分过多，且没有给出使用建议，容易混淆；此外相关计算需要大量的实际调研数据，实际可操作性不强。

**2. 基于智能算法的电能替代潜力预测模型**[23-26]

该方法主要针对电能替代潜力预测的需求，对现有的智能算法进行改进。例如对灰色关联分析方法（GRA）、粒子群算法（PSO）和神经网络（BP）进行算法融合改进后，就形成了改进的GRA－IPSO－BP电能替代潜力预测算法[26]。该方法的处理流程，如图3－1所示。首先输入某个地区近几年的用电量，然后根据电能替代量化公式估算出近几年的电能替代量。其次，用改进的灰色关联分析方法（GRA）算法从输入的影

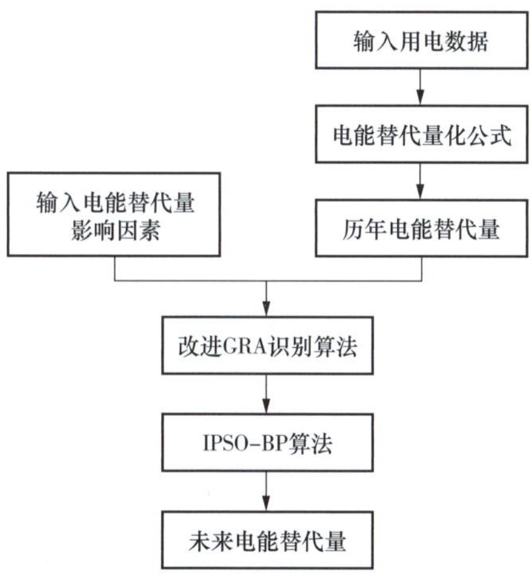


图3－1　GRA－IPSO－BP预测算法流程图

响电能替代潜力的指标中筛选出影响电能替代潜力的关键指标；将历史影响电能替代潜力的关键指标作为自变量，历史电能替代量作为因变量进行样本训练，使用IPSO算法对BP算法进行优化；最后进行IPSO－BP算法预测，将预测样本即影响电能替代潜力的关键指标输入预测模型，得到预测值。

该方法的优点在于直接根据历史数据就能预测出未来的电能替代量，节省了大量的实际调研工作。但该方法最大的问题在于没有估算出还有多少替代潜力，以及模型中的电能替代量修正因子没有给出确定方式。因此该方法还需要进一步完善才能应用在实际中，为电能替代工作提供指引。

## 三、新疆地区电能替代潜力测算方法

针对现有电能替代潜力测算技术的不足，新疆提出了一种新型潜力测算方法。该方法将电能替代潜力划分为理论潜力和实际潜力两种。理论替代潜力是指只考虑技术因素的条件下某个领域当前可以实现的替代电量，从而为电能替代工作提供宏观上的指引。理论替代潜力的测算主要依据不同行业领域当前的能源消费结构，大致估算出“煤改电”“气改电”和“油改电”的替代潜力。实际潜力是指综合考虑环保、经济、技术和政策因素后，某项电能替代技术近几年内可以实现的替代电量，该替代电量包括电网公司开展电能替代工作所完成的替代电量，以及电力用户自发完成的替代电量，可以为电能替代工作提供具体的指引。实际潜力的测算主要依据电能替代历史统计数据、政策文件的任务指标及相关调研结果。因此，电网公司可以根据理论替代潜力了解哪些行业领域的潜力较大，从而制定10～20年的远期电能替代计划；再根据实际潜力，制定3～5年内的电能替代计划。

该方法的优点在于：①测算公式相对简单，测算所需的数据相对容易获取；②适用范围广，可以从总体上测算某个行业领域的潜力值，也可以测算具体某项电能替代技术的潜力值。

**1. 理论潜力值测算方法**

理论潜力值的计算公式如下：

$$\text{理论潜力值}=\text{能源消费总量}\times\text{潜力系数}\times\text{折算系数} \tag{3-1}$$

式中能源消费总量为煤炭、石油或天然气的消费总量；折算系数表示不同能源之间的热量折算系数，其中“煤改电”为0.58，“气改电”为9.76，“油改电”为1.16。潜力系数与行业领域相关、能源消费占比情况有关。其中交通领域能源消费结构最简单，因此潜力系数取值相对较大。工业领域能源消费结构最复杂，因此潜力系数较小。各行业领域的潜力系数取值范围，可以参考表3－1。

表3－1　潜力系数取值表

| 行业领域 | 能源消费占比 | 潜力系数取值范围 |
|---|---|---|
| 工业领域 | ＞40% | 7%～10% |
| | 20%～40% | 4%～6% |
| | ＜20% | 1%～3% |
| 建筑领域<br>农业领域<br>居民生活领域 | ＞40% | 13%～20% |
| | 20%～40% | 7%～12% |
| | ＜20% | 1%～6% |
| 交通领域 | ＞40% | 16%～25% |
| | 20%～40% | 8%～15% |
| | ＜20% | 1～7% |

### 2. 实际潜力值测算方法

根据新疆的电能替代实际潜力的定义，其计算公式有两种。对于第一种根据电能替代历史统计数据和电能替代影响因素估算出潜力值，其计算公式为：

$$实际潜力=平均替代电量\times修正系数 \tag{3-2}$$

式中平均替代电量为近5年某项电能替代技术的平均替代电量；修正系数的取值大小与环保、经济性、技术成熟度和政策相关，具体取值可以根据下面的经验公式计算：

$$修正系数=政策系数\times经济系数\times技术系数\times补贴系数 \tag{3-3}$$

其中政策系数的取值可以根据以下原则来确定：①该行业领域出台强制性政策时，必然会强制不达标的企业进行电能替代工作，增加电能替代量，故政策系数取值≥1.1；②该行业领域出台规划性政策时，同样促进电能替代工作，故政策系数取值1～1.1；③该行业领域无相关文件时，无法对电能替代工作起任何作用，故政策系数取值≤1。

经济系数的取值可以根据以下原则来确定：①当电能替代技术的目录电价小于临

界电价的60%时，说明该技术经济性很好，此时经济系数取值≥1.2；②目录电价为临界电价的60%～80%之间时，则表示该技术经济性良好，此时经济系数取值1.1～1.2；③目录电价为临界电价的80%～100%之间时，则经济性一般，此时经济系数取1～1.1；④当目录电价超过临界电价时，则说明该技术不具备经济性，此时经济系数取值<1。（各电能替代技术的目录电价和临界电价，见附录3）。

技术系数的取值可以根据以下原则来确定：①当电能替代技术的成熟度较高时，将有利于技术在市场上的推广，故技术系数取值≥1.1；②当技术成熟度一般时，市场认可度不高，技术系数取值1～1.1；③当技术成熟度较低时，将阻碍市场推广工作，此时技术系数取值<1。

补贴系数的取值可以根据以下原则来确定：①有相关补贴政策时，可以有效推动电能替代工作，故补贴系数取值≥1.1；②当没有任务补贴政策时，将不会对电能替代工作有任何促进作用，故补贴系数取值<1。

第二种根据政策文件或调研结果的实际潜力估算方法的计算公式如下：

$$\text{实际潜力值}=\text{替代数量}\times\text{每台设备平均替代电量} \tag{3-4}$$

## 第二节　工业领域电气化水平提升潜力

### 一、电气化水平提升情况分析

“十三五”期间新疆工业领域电能替代工作取得了一定的成效，工业用电量有明显的提升，但对能源消费结构的优化效果不明显。

从电能替代工作实施情况来看，“十三五”期间新疆共完成12家自备电厂的清洁能源替代、308家工业燃煤锅炉、109家建材燃煤窑炉电能替代等工作，累计替代电量218.9亿千瓦时，占用电增长总量的39.3%。

从能源消费结构来看，2016—2020年新疆工业领域煤炭、石油、天然气和电力的消费情况如表3-2所示。从表中可以发现煤炭和电力消费量持续增长、天然气消费量基本保持稳定、石油消费量略有下降。将四种能源折算成标准煤后，2016年和2020年能源消费占比情况如图3-2所示。从图3-2中可见电能消费占比基本保持不变，煤炭消费占比反而略有提升。

表3-2　　2016—2020年新疆工业领域主要能源消费情况表

| 能源类别＼年份 | 2016 | 2017 | 2018 | 2019 | 2020 |
|---|---|---|---|---|---|
| 煤炭（万吨） | 18299 | 19443 | 20875 | 22997 | 25387 |
| 石油（万吨） | 601.97 | 573.51 | 556.36 | 539.67 | 565.43 |
| 天然气（亿立方米） | 105.25 | 100.57 | 103.31 | 98.34 | 107.70 |
| 电力（亿千瓦时） | 2023.5 | 2202.9 | 2392.2 | 2500.6 | 2580.4 |

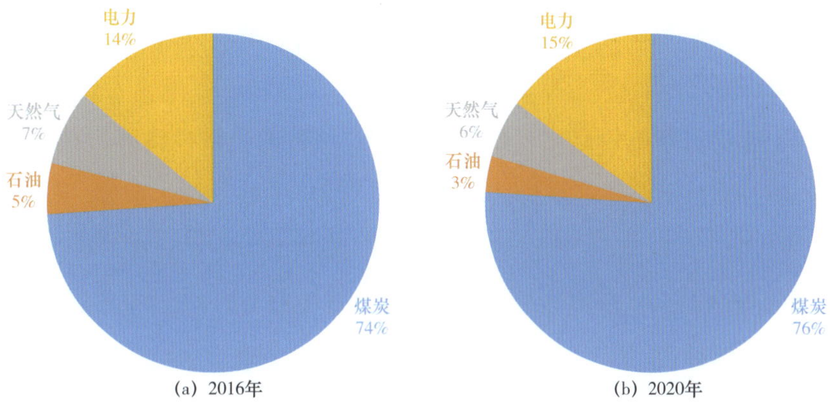


图3-2　2016年和2020年新疆工业领域主要能源消费占比

## 二、电气化提升潜力分析

**1. 电能替代理论潜力测算**

“煤改电”理论潜力。2020年新疆工业领域煤炭消费占总能源消费比重的76%，2016—2020年增长了2%，因此潜力系数可以取10%。根据公式（3-1）计算可得，新疆工业领域“煤改电”理论潜力为1472.45亿千瓦时。

“油改电”理论潜力。2020年新疆工业领域石油消费占比为3%，2016—2020年减少了2%，因此潜力系数可以取1%。根据公式（3-1）计算可得，新疆工业领域“油改电”理论潜力为6.56亿千瓦时。

“气改电”理论潜力。2020年新疆工业领域天然气消费占比为6%，2016—2020年减少了1%，因此潜力系数可以取2%。根据公式（3-1）计算可得，新疆工业领域“气改电”理论潜力为21.02亿千瓦时。

**2. 实际潜力值估算**

（1）自备电厂替代。自备电厂替代主要包含新能源替代自备电厂及淘汰落后机组关停改由电网供电，利用水电、风电、光伏发电以及高效火电机组在发电资源丰富时期的低价富余电量，以定向交易方式，替代企业燃煤自备机组发电。

“十三五”期间，新疆地区共有企业自备电厂74家、机组184台、装机容量2226.74万千瓦、年发电量约1195.15亿千瓦时。其中可以实施电能替代的方向为燃煤电厂，共计35家，装机总容量1969.8万千瓦，已替代电量为80亿千瓦时，平均年替代量为16亿千瓦时/年。

新疆对于燃煤自备电厂已出台规划性文件，项目的经济性良好，技术成熟度高，但缺乏相关的补贴政策。保守估计，政策系数、经济系数、技术系数、补贴系数的取值分别为：1、1.1、1.1、0.9，修正系数为1.089。根据潜力测算公式（3-2）计算可得，“十四五”期间燃煤自备电厂电能替代项目的实际替代潜力为87.12亿千瓦时。

（2）工业电锅炉/窑炉。据统计，“十三五”期间新疆地区完成308家工业燃煤锅炉、109家建材燃煤窑炉电能替代，替代电量3.98亿千瓦时，平均年替代量为0.796亿千瓦时/年。

该技术成熟度高，且已出台燃煤锅炉拆改的强制性政策，项目的经济性较好，但缺乏相关的补贴政策。因此政策系数、经济系数、技术系数、补贴系数的取值分别为：1.1、1.2、1.1、0.9，修正系数为1.31。根据潜力测算公式（3-2）计算可得，“十四五”期间工业电锅炉/窑炉电能替代项目的实际替代潜力为5.21亿千瓦时。

（3）油田钻机“油改电”。据统计，“十三五”期间新疆在克拉玛依油田、吐哈油田、塔里木油田，跨越巴州、阿克苏、奎屯、吐鲁番、塔城、疆南等六地大力开展油田钻机“油改电”项目，累积电能替代量为8亿千瓦时，平均年替代量为1.6亿千瓦时/年。

该技术成熟度高，且已出台规划性政策，项目的经济性较好，但缺乏相关的补贴政策。因此政策系数、经济系数、技术系数、补贴系数的取值分别为：1、1.2、1.1、0.9，修正系数为1.19。根据潜力测算公式（3-2）计算可得，“十四五”期间油田钻机“油改电”电能替代项目的实际替代潜力为9.52亿千瓦时。

## 第三节　建筑领域电气化水平提升潜力

### 一、电气化水平提升情况分析

“十三五”期间，在电能替代工作的积极推动下，新疆建筑领域的用电量有了明显的增加，能量消费结构得到较大优化。

从电能替代工作实施情况来看，“十三五”期间完成乌鲁木齐等地区的清洁能源供暖试点、“清洁能源进校园”、南疆四地州煤改电等项目，实现电采暖43万户，采暖面积达1.2亿平方米，累计替代电量23.1亿千瓦时，占用电增长总量的11%。

从能源消费结构来看，2016—2020年新疆建筑领域煤炭、石油、天然气和电力的消费情况如表3-3所示。从表中可以发现电力消费量快速增长、天然气和石油消费量基本保持稳定、煤炭消费量大幅下降。将四种能源折算成标准煤后，2016年和2020年能源消费占比情况如图3-3所示，从图中可见天然气和石油消费占比基本保持不变，电力消费占比有大幅的提升，煤炭消费占比则大幅减少。

表3-3　　建筑领域主要能源消费情况表

| 年份<br>能源类别 | 2016 | 2017 | 2018 | 2019 | 2020 |
|---|---|---|---|---|---|
| 煤炭（万吨） | 707.97 | 749.77 | 726.94 | 571.56 | 497.04 |
| 石油（万吨） | 142.18 | 168.12 | 177.33 | 188.75 | 167.50 |
| 天然气（亿立方米） | 20.13 | 18.63 | 24.82 | 21.99 | 22.84 |
| 电力（亿千瓦时） | 208.23 | 240.27 | 286.81 | 348.30 | 414.03 |

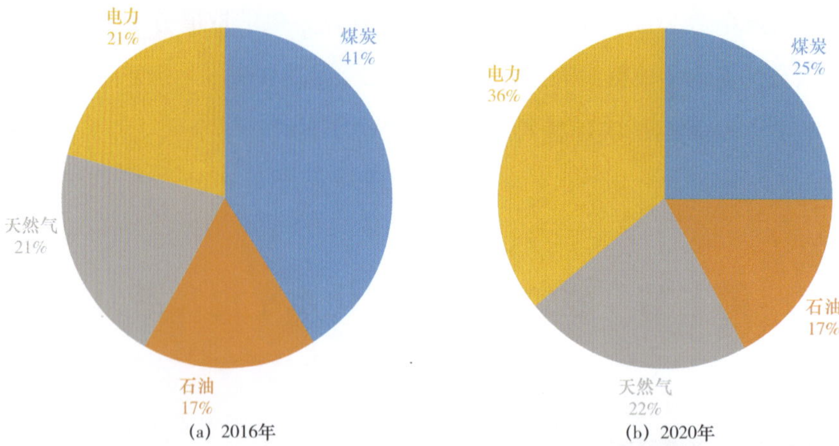


图3-3 2016—2020年新疆建筑领域主要能源消费占比

## 二、电气化提升潜力分析

**1. 电能替代理论潜力测算**

“煤改电”理论潜力。2020年新疆建筑领域煤炭消费占总能源消费比重的25%，因此潜力系数可以取8%。根据公式（3-1）计算可得，新疆建筑领域“煤改电”理论潜力为23.06亿千瓦时。

“油改电”理论潜力。2020年新疆工业领域石油消费占比为17%，2016—2020年保持不变，因此潜力系数可以取6%。根据公式（3-1）计算可得，新疆建筑领域“油改电”理论潜力为11.66亿千瓦时。

“气改电”理论潜力。2020年新疆工业领域天然气消费占比为22%，2016—2020年保持不变，因此潜力系数可以取7%。根据公式（3-1）计算可得，新疆建筑领域“气改电”理论潜力为15.60亿千瓦时。

**2. 电能替代实际潜力测算**

（1）电采暖。2019年新疆全面启动“煤改电”一期工程，使用电能替代煤、油、天然气，至2021年11月底全面完成，主要涉及克孜勒苏柯尔克孜自治州、喀什地区、和田地区的农村民众89.2万户。2022年以来，新疆继续实施“煤改电”二期工程，实施范围涵盖巴音郭楞蒙古自治州、阿克苏地区、克孜勒苏柯尔克孜自治州、喀什地区、和田地区，以及吐鲁番市、哈密市伊州区，涉及43个县（市、区）、439个乡（镇）、3896个村和76.61万户居民。

根据各地州预计开展电采暖的情况，重点在南疆喀什、和田、克州、阿克苏等地州大力推广居民分散式电采暖，预计新增电采暖用户54.72万户。若全屋的电采暖设备总功率为6千瓦，每天工作时间按8小时算，开机时间为3个月，则可实现替代电量约23.64亿千瓦时。

（2）热泵。新疆近年推广的热泵项目有水源热泵、地源热泵和空气源热泵，单位平方米造价约为230、300、200元。从经济性来看，综合考虑初期投资、运行成本等因素，三类热泵系统年运行费用和年综合费用均比电热锅炉+电制冷中央空调、燃煤锅炉+电制冷中央空调低，成本优势明显。

据统计，“十三五”期间热泵电能替代量为1.79亿千瓦时，平均年替代量为0.358亿千瓦时/年。该技术成熟度高，且已出台规划性政策，项目的经济性较好，有相关的补贴政策。因此政策系数、经济系数、技术系数、补贴系数的取值分别为：1、1.2、1.1、1.1，修正系数为1.452。根据潜力测算公式（3-2）计算可得，“十四五”期间热泵技术的实际替代潜力为2.60亿千瓦时。

## 第四节　交通领域电气化水平提升潜力

### 一、电气化水平提升情况分析

“十三五”期间，随着电能替代工作的稳步推进，新疆交通领域石油（燃油）的消耗量有了一定的减少，电能消费量有显著提高。

从电能替代工作实施情况来看，“十三五”期间新疆完成1.8万辆电动汽车推广、2940千米电气化铁路改造、40座机场廊桥APU替代，累计替代电量6.3亿千瓦时，占用电增长总量的39%。

从能源消费结构来看，2016—2020年新疆交通领域煤炭、石油、天然气和电力的消费情况如表3-4所示。从表中可以发现电力消费量大体上保持上涨趋势、煤炭和石油消费量先上涨后下降、天然气消费量略有下降。将四种能源折算成标准煤后，2016年和2020年能源消费占比情况如图3-4所示。从图中可见石油和电力消费占比略有提高，天然气和煤炭消费占比略有减少。

表3-4　　2016—2020年新疆交通领域主要能源消费情况表

| 年份<br>能源类别 | 2016 | 2017 | 2018 | 2019 | 2020 |
|---|---|---|---|---|---|
| 煤炭（万吨） | 21.00 | 21.50 | 21.33 | 8.35 | 2.51 |
| 石油（万吨） | 565.78 | 613.97 | 603.64 | 601.25 | 486.46 |
| 天然气（亿立方米） | 11.52 | 10.84 | 10.50 | 10.60 | 7.94 |
| 电力（亿千瓦时） | 25.47 | 30.54 | 38.78 | 42.41 | 42.19 |

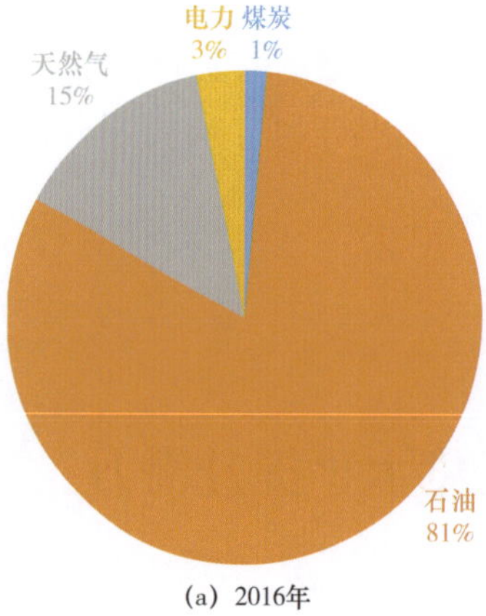


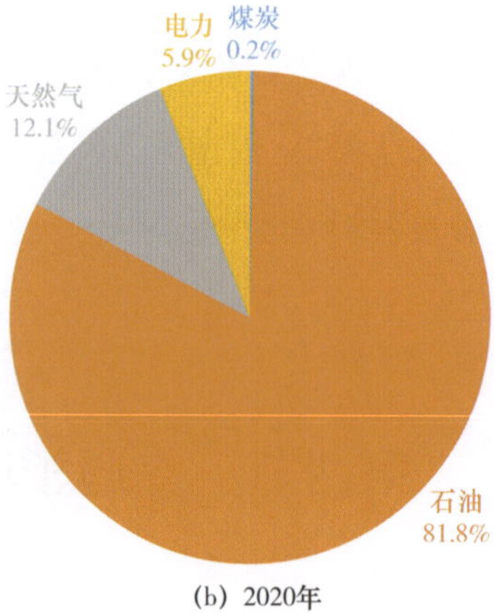


图3-4　交通领域主要能源消费占比

## 二、电气化提升潜力分析

### 1. 电能替代理论潜力测算

“煤改电”理论潜力。2020年新疆交通领域煤炭消费占总能源消费比重几乎为零，因此“煤改电”理论潜力可以忽略不计。

“油改电”理论潜力。2020年新疆交通领域石油消费占比为82.4%，2016—2020年增长了1.4%，因此潜力系数可以取25%。根据公式（3-1）计算可得，新疆交通领域“油改电”理论潜力为141.07亿千瓦时。

“气改电”理论潜力。2020年新疆交通领域天然气消费占比为11.3%，2016—2020年下降了2.7%，因此潜力系数可以取4%。根据公式（3-1）计算可得，新疆交通领域“气改电”理论潜力为3.10亿千瓦时。

**2. 电能替代实际潜力测算**

（1）电动汽车。2020新疆节能减排工作学术年会上发布了《新疆新能源汽车充电基础设施建设（团体）规范》。该规范从7个部分对新疆新能源汽车充电基础设施建设提出相关规范要求，通过对新疆新能源汽车（电动汽车）充电基础设施建设机制研究纲要，推动新疆“十四五”期间新能源汽车保有量实现15万辆，建成充电桩3万座。根据市场统计数据，2020年新疆地区新能源汽车保有量为2.9万辆。则“十四五”期间新疆地区将会新增新能源汽车12.1万辆。

根据市场调查数据，电动汽车百公里电耗为12～25千瓦时。取百公里电耗为20千瓦时，每天平均行驶60千米，则每台电动汽车每年的耗电量为4380千瓦时，“十四五”期间电动汽车的替代量可达5.3亿千瓦时。

（2）电气化铁路。新疆2022年已开始对乌将铁路进行电气化改造，改造施工内容包括乌北至甘泉堡新增二线35.286千米、准东至将军庙将新增二线70.086千米。此外新疆2022年重点项目清单中明确指出，2022年将开始新建精河至阿拉山口线路二线，伊宁至阿克苏铁路线路，新和至拜城铁路线路共3条电气化铁路，线路总长度超过980千米。若按每百公里电气化铁路替代电量为1亿千瓦时来估算，“十四五”期间电气化铁路的电能替代量为9.8亿千瓦时。

（3）机场APU替代。据统计，全疆共21个民用运输机场，“十三五”期间仅有乌鲁木齐地窝堡国际机场40座廊桥全部采用了APU替代服务。根据各地州预计开展机场APU替代的情况，“十四五”期间可以对乌鲁木齐和喀什机场新增的45座廊桥进行APU替代，根据往年数据，每座廊桥年替代电量约为60万千瓦时，则总的电能替代量为0.27亿千瓦时。

# 第五节　农业领域电气化水平提升潜力

## 一、电气化水平提升情况分析

从农业领域电能替代工作实施情况来看，“十三五”期间，国网新疆电力完成6824台排灌设备、1881座农业大棚、555台燃煤烘干设备的电能替代，累计替代电量22.1亿千瓦时。

从能源消费结构来看，2016—2020年新疆农业领域煤炭消费量持续下降、石油和电力消费量持续增长、天然气消费量从无到有后保持稳定如表3-5所示。将三种能源（天然气占比太小，这里忽略不计）折算成标准煤后，2016年和2020年新疆农业领域主要能源消费占比如图3-5所示，从图中可见电能消费占比有所提升，煤炭消费占比大幅下降。

表3-5　　农业领域主要能源消费情况表

| 年份<br>能源类别 | 2016 | 2017 | 2018 | 2019 | 2020 |
|---|---|---|---|---|---|
| 煤炭（万吨） | 217 | 222 | 166 | 124 | 99 |
| 石油（万吨） | 83.50 | 108.09 | 96.82 | 101.27 | 103.58 |
| 天然气（亿立方米） | 0 | 0 | 0.03 | 0.03 | 0.03 |
| 电力（亿千瓦时） | 131.4 | 132.1 | 119.3 | 131.2 | 137.5 |

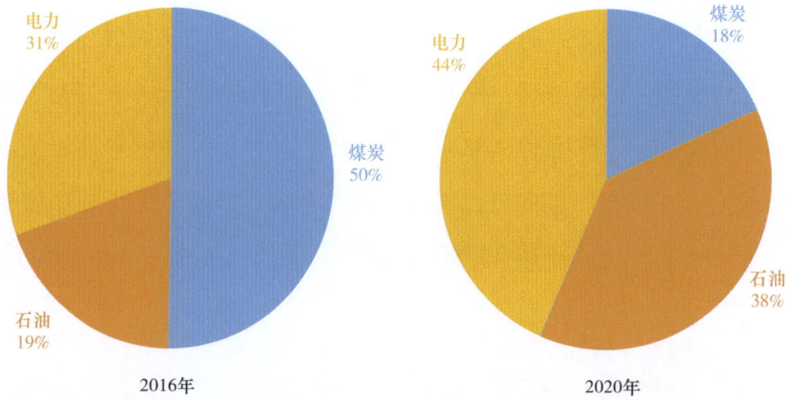


图3-5　2016年和2020年新疆农业领域主要能源消费占比

## 二、电气化提升潜力分析

**1. 电能替代理论潜力测算**

“煤改电”理论潜力。2020年新疆农业领域煤炭消费占总能源消费比重的18%，2016—2020年下降了32%，因此潜力系数可以取6%。根据公式（3-1）计算可得，新疆农业领域“煤改电”理论潜力为3.45亿千瓦时。

“油改电”理论潜力。2020年新疆农业领域石油消费占比为38%，2016—2020年增加了19%，因此潜力系数可以取12%。根据公式（3-1）计算可得，新疆农业领域“油改电”理论潜力为14.42亿千瓦时。

“气改电”理论潜力。2020年新疆农业领域天然气消费占比为几乎为零，因此“气改电”理论潜力可以忽略不计。

**2. 实际潜力估算**

（1）农业电排灌。据统计，截至2020年，新疆农灌面积共计2965.46千公顷，排灌设备65090台[9]。根据地州预计开展农业电排灌的情况，预计“十四五”期间，将完成1.5万台柴油排灌设备的电能替代工作，减少柴油消费约15万吨，折算为电能约17.85亿千瓦时。按照农业电排灌年运行6个月、每天运行5小时、每小时平均耗油11千克，计算实际的电能替代潜力值为11.9亿千瓦时。

（2）农业生产电加热。据统计，“十三五”期间新疆完成农产品辅助生产替代项目325个，替代电量1.34亿千瓦时，平均年替代量为0.268亿千瓦时/年。

该技术成熟度高，且已出台规划性政策，项目的经济性良好，但缺乏相关的补贴政策。因此政策系数、经济系数、技术系数、补贴系数的取值分别为：1、1.1、1.1、0.9，修正系数为1.089。根据潜力测算公式（3-2）计算可得，“十四五”期间农业生产电加热项目的实际替代潜力为1.46亿千瓦时。

# 第六节　居民生活领域电气化水平提升潜力

## 一、电气化水平提升情况分析

"十三五"期间，新疆居民生活领域的电气化水平提升主要通过"煤改电"方式实现。根据国网新疆电力的统计数据，2016—2020年，在新疆居民生活领域，完成105个电能设备替代，累计完成替代电量0.08亿千瓦时。

从能源消费结构来看，2016—2020年新疆居民生活领域煤炭消费量持续下降、石油和电力消费量持续增长、天然气消费量总体呈增长趋势，呈波浪式发展如表3-6所示。将四种能源折算成标准煤后，2016年和2020年四种能源消费占比情况如图3-6所示。从图中可见电能消费占比提升，煤炭消费占比有所下降。

表3-6　　2016—2020年新疆居民生活领域主要能源消费情况表

| 能源类别 \ 年份 | 2016 | 2017 | 2018 | 2019 | 2020 |
| --- | --- | --- | --- | --- | --- |
| 煤炭（万吨） | 565 | 607 | 593 | 465 | 406 |
| 石油（万吨） | 89.02 | 116.03 | 121.61 | 127.25 | 111.07 |
| 天然气（亿立方米） | 12.09 | 10.81 | 15.13 | 13.65 | 15.62 |
| 电力（亿千瓦时） | 79.93 | 86.57 | 96.07 | 110.03 | 127.39 |

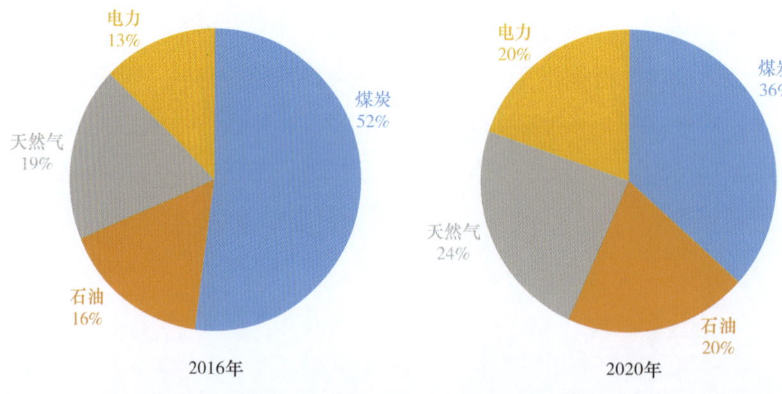


图3-6　2016年和2020年新疆居民生活领域主要能源消费占比

## 二、电气化提升潜力分析

### 1. 电能替代理论潜力测算

“煤改电”理论潜力。2020年新疆居民生活领域煤炭消费占总能源消费比重的36%，2016—2020年下降了16%，因此潜力系数可以取12%。根据公式（3-1）计算可得，新疆居民生活领域“煤改电”理论潜力为28.26亿千瓦时。

“油改电”理论潜力。2020年新疆居民生活领域石油消费占比为20%，2016—2020年增加了4%，因此潜力系数可以取7%。根据公式（3-1）计算可得，新疆居民生活领域“油改电”理论潜力为9.02亿千瓦时。

“气改电”理论潜力。2020年新疆居民生活领域天然气消费占比为24%，2016—2020年增加了5%，因此潜力系数可以取8%。根据公式（3-1）计算可得，新疆居民生活领域“气改电”理论潜力为12.20亿千瓦时。

### 2. 实际潜力估算

（1）家庭电采暖。根据新疆统计局数据，2020年居民生活消耗了406.08万吨煤炭。而广东地区2020年居民生活只消费了46.46万吨煤炭。造成这种差异的主要原因在于新疆地区冬季寒冷，需要通过燃烧煤炭来取暖。因此可采用电采暖技术替代原来的煤炭取暖方式。根据各地州预计开展家庭电采暖的情况，预计每年对2000户农村居民开展电采暖项目。根据调研结果测算，使用“煤改电”家庭每户年用电量增加0.2万千瓦时，则“十四五”期间电能替代总量为2亿千瓦时。

（2）电气化厨房。通过对乌鲁木齐300户小区居民用能“气改电”意愿情况的调查显示，有7.67%的居民用户有意愿将燃气设备进行电气化改造。截至2020年，全疆居民用户880万户，则约有61万户愿意进行“气改电”。据统计，使用“气改电”家庭年用电量增加0.15万千瓦时。假定每年成功推广1万户居民进行“气改电”，则“十四五”期间，居民生活领域可实现替代电量约0.75亿千瓦时。

# 第七节　新疆电气化水平提升与潜力分析总结

## 一、电气化水平提升情况总结

根据新疆地区各行业领域电气化水平发展现状及电气化水平提升情况可知，不同行业领域的电气化水平和电气化发展速度差别较大，其中建筑领域电气化水平最高、发展速度最快，各行业领域的具体情况如表3-7所示。

表3-7　　2016—2020年新疆地区细分行业电气化水平提升情况

| 行业领域 | 电能消费占比提升量 | 电气化水平提升量 |
| --- | --- | --- |
| 工业领域 | 1个百分点 | 3.9个百分点 |
| 建筑领域 | 15个百分点 | 9.5个百分点 |
| 交通领域 | 2.9个百分点 | 2.6个百分点 |
| 农业领域 | 13个百分点 | 6.5个百分点 |
| 居民生活领域 | 7个百分点 | 2.3个百分点 |

从电能消费占比提升量来看，从高到低依次为：建筑领域、农业领域、居民生活领域、交通领域、工业领域。

从电气化水平提升量来看，从高到低依次为：建筑领域、农业领域、工业领域、居民生活领域、交通领域。

出现这种结果的主要原因在于：

（1）工业领域能源消费方式复杂，各种能源除了作为生产能源外还会作为生产原料进行消费，因此只有部分煤炭和石油可以被电力替代，此外工业领域的电能替代项目投资建设成本较高，导致客户改造意愿较小，所以电气化水平提升速度相对缓慢。

（2）建筑领域能源消费方式相对简单，现有技术下容易实现电能对煤炭、燃油和天然气的替代，因此电气化发展速度和电气化水平相对较高。

（3）交通领域主要以汽油和柴油为主，电力为辅，电能替代潜力巨大，但受限于汽车的更新换代速度以及燃油汽车现有的市场占比，因此电气化发展速度和电气化水平相对较低。

（4）农业领域能源消费方式同样相对简单，主要为煤炭、柴油、汽油和电力。由于电排灌、电烘干、农用电气化设备等电能替代技术已基本成熟，可实现燃油排灌设备、燃煤烘干设备的替代，因此电气化发展速度相对较快。

（5）居民生活领域，随着家庭电器的日益丰富以及能源消费观念的转变，电气化水平有了明显的提升，但由于天然气在价格上的优势，以及长期以来的能源消费习惯，导致电气化水平相对较低。

## 二、电能替代潜力分析总结

根据新疆地区各行业领域电能替代理论潜力和实际潜力的分析可知，工业领域理论潜力和实际潜力相对较大，从技术类型上看，则以“煤改电”潜力及相关技术为主，具体情况如表3–8和表3–9所示。

表3–8 新疆地区各行业领域理论潜力汇总表

| 行业领域 | 工业领域 | 建筑领域 | 交通领域 | 农业领域 | 居民生活领域 |
|---|---|---|---|---|---|
| “煤改电”潜力值（亿千瓦时） | 1472.45 | 23.06 | 0 | 3.45 | 28.26 |
| “油改电”潜力值（亿千瓦时） | 6.56 | 11.66 | 141.07 | 14.42 | 9.02 |
| “气改电”潜力值（亿千瓦时） | 21.02 | 15.60 | 3.10 | 0 | 12.20 |
| 合计（亿千瓦时） | 1500.03 | 50.32 | 144.17 | 17.87 | 49.48 |

从表3–8中可以看出，工业领域电能替代理论潜力巨大，达到1500.03亿千瓦时，占全社会理论潜力值的85.1%；其次为交通领域和建筑领域，最后为居民生活领域和农业领域。其中工业领域、建筑领域和居民生活领域都是以“煤改电”潜力为主，交通领域和农业领域以“油改电”潜力为主。

表3-9　　新疆地区各行业领域实际潜力汇总表

| 行业领域 | 电能替代技术 | 替代潜力（亿千瓦时） |
|---|---|---|
| 工业领域 | 自备电厂替代 | 87.12 |
| | 工业电锅炉/窑炉 | 5.21 |
| | 油田钻机“油改电” | 9.52 |
| 建筑领域 | 电采暖 | 23.64 |
| | 热泵 | 2.60 |
| 交通领域 | 电动汽车 | 5.3 |
| | 电气化铁路 | 9.8 |
| | 机场APU | 0.27 |
| 农业领域 | 农业电排灌 | 11.9 |
| | 农业生产电加热 | 1.46 |
| 居民生活领域 | 家庭电采暖 | 2 |
| | 电气化厨房 | 0.75 |
| 总量 | | 159.23 |

从表3-9中可以看出：从行业领域角度来看，工业领域和建筑领域的实际潜力值相对较大；从电能替代技术来看，实际潜力值最大的三项技术分别为自备电厂替代、电采暖和农业电排灌。由此可见，新疆地区在电能替代技术推广过程中，可以以工业领域、建筑领域和农业领域为重点推广领域。需要注意的是，表3-9所示的实际潜力没有考虑电网建设情况，因此进行实际的电能替代工作时，需要根据当地电网建设情况有序推进电能替代工作。

# 第四章

# 新形势下新疆电气化水平提升策略

# 第一节　电气化水平提升战略

## 一、新疆电气化水平提升基本原则

持续推进电能替代，在终端能源消费环节实施以电代煤、以电代油等，有利于提升新疆地区的电气化水平，促进清洁能源消纳，助力碳达峰、碳中和目标的实现。对此新疆将遵循以下原则，稳步推进电气化水平的提升[27]。

**1. 坚持改革创新**

按照国家和新疆关于电气化水平提升的政策文件精神，结合实际，创新电能替代技术路线，加快电能替代关键设备研发，探索多方共赢的市场化项目运作方式。

**2. 坚持规划引领**

统筹能源资源开发利用、大气污染防治和经济社会可持续发展，合理规划电能替代，主要通过可再生能源和现有火电满足电能替代新增电量需求。

**3. 坚持有序推进**

根据新疆各地能源消费结构和用能需求特性，因地制宜、稳步有序地推进经济性好、节能减排效益佳的电能替代示范试点项目，带动推广实施电能替代。

**4. 坚持市场运作**

鼓励社会资本投入，探索多方共赢的市场化项目运作模式。引导社会力量积极参与电能替代技术、业态和运营等创新，发挥市场在资源配置中的决定性作用。

**5. 坚持保障安全**

电能替代应以电网安全为前提，以加强输配电网为基础，解决当前富裕电力消纳和新能源发展问题，使“电气化新疆”政策成果惠及社会和企业。

## 二、新疆电气化水平提升重点工作方向

根据“双碳”背景下电气化发展内涵可知，新疆电气化水平的提升需要从能源消费侧和能源供应侧两个方向入手。

**1. 加强能源消费侧电能消费占比和能效水平的提升**

对于工业领域，在钢铁、建材、有色、石油化工等重点行业及其他行业铸造、加热、烘干、蒸汽供应等环节，加快淘汰不达标的燃煤锅炉和以煤、石油焦、渣油、重油等为燃料的工业窑炉，推广电炉钢、电锅炉、电窑炉、电加热等技术，开展高温热泵、大功率电热储能锅炉等电能替代，扩大电气化终端用能设备使用比例。引导企业和园区加快厂房光伏、分布式风电、多元储能、热泵、余热余压利用、智慧能源管控等一体化系统开发运行，推进多能高效互补利用。推广电钻井等电动装置，提升采掘业电气化水平[28]。

对于交通领域，推动公路交通、水上交通电气化发展，助力构建绿色低碳的综合立体交通网。加快推进城市公共交通工具电气化，在城市公交、出租、环卫、邮政、物流配送等领域、优先使用新能源汽车。大力推广家用电动汽车，加快电动汽车充电桩等基础设施建设。积极推进厂矿企业等单位内部作业车辆、机械的电气化更新改造。优化完善机场岸电设施，提高飞机辅助动力装置（APU）替代设备使用率[15]。

对于建筑领域，持续推进清洁取暖，在现有集中供热管网难以覆盖的区域，推广电驱动热泵、蓄热式电锅炉、分散式电暖器等电采暖。鼓励机关、学校、医院等公共机构建筑和办公楼、酒店、商业综合体等大型公共建筑围绕减碳提效，实施电气化改造。充分利用自有屋顶、场地等资源条件，不断扩大自发自用的新能源开发规模，提高终端用能中的绿色电力比重[29]。

对于农业领域，推广普及农田机井电排灌、高效节能日光温室和集约化育苗，发展生态种植。在种植、粮食存储、农副产品加工等领域。推广电烘干、电加工，提高生产质效。在水果、蔬菜等鲜活农产品主产区和特色农产品优势区，发展田头预冷、贮藏保鲜、冷链物流。在畜牧、水产养殖业推进电能替代，提高养殖环境控制、精准饲喂等智能化水平。

对于居民生活领域，对电热水器、电暖器等能效等级较高的电采暖类大功率家用电器进行促销推广，倡导居民家电消费向“大”家电、“智能”家电的转变。推进炊事等居民生活领域“煤改电”，加快居民家庭电气化进程。加大生活和冬季取暖散煤治理力度。

**2. 提高非化石能源占比，加速火力发电力行业节能减碳**

以加快发电行业减碳进程为突破口，打好“减煤、稳油、增气、引电、扩新”的组合拳，把新能源作为能源消费增量的主体，加快推进新疆地区光伏项目和风力发电项目建设，加强电力系统与工业、交通、建筑、农业农村等领域的深度融合，促进构建新型电力系统、推动新能源占比逐渐提高[30]。

## 第二节　能源消费侧电气化水平提升路径

### 一、推动工业用能电气化

综合考虑电力供需形势，拓宽电能替代领域，在铸造、玻璃、陶瓷等重点行业推广电锅炉、电窑炉、电加热等技术，开展高温热泵、大功率电热储能锅炉等电能替代，扩大电气化终端用能设备使用比例。重点对工业生产过程1000摄氏度以下中低温热源进行电气化改造。加强电力需求侧管理，开展工业领域电力需求侧管理示范企业和园区创建，示范推广应用相关技术产品，提升消纳绿色电力比例，优化电力资源配置。

增强源网荷储协调互动，引导企业、工业园区加快分布式光伏、分散式风电、多元储能、高效热泵、余热余压利用、智慧能源管控等一体化系统开发运行，推进多能高效互补利用，促进就近大规模高比例消纳可再生能源。加强能源系统优化和梯级利用，因地制宜推广工业园区集中供热、能源供应中枢等新业态。加快新型储能规模化应用。

推进行业用能结构优化。对于钢铁、石化、水泥等高耗能行业，分别从原料端、过程端和终端提出推动行业用能结构优化的路径要求。在原料端，加快推进煤炭向清洁燃料、优质原料和高质材料转变；在过程端，加快分布式光伏、分散式风电、高效热泵、余热余压利用、智慧能源管控等一体化系统开发运行，推进多能高效互补利用。在终端，在加热、烘干、蒸汽供应等环节，推广电锅炉、电窑炉、电加热、高温热泵、大功率电热储能锅炉等替代工艺技术装备，扩大电气化终端用能设备使用比例。其次，统筹用好化石能源、可再生能源等不同能源品种，积极构建多能高效互补的工业用能结构，推动低效燃煤自备电厂有序退出。

## 二、促进绿色建筑高质量发展

加快更新建筑节能、市政基础设施等标准，提高节能降碳要求。加强适用于不同气候区、不同建筑类型的节能低碳技术研发和推广，推动超低能耗建筑、低碳建筑规模化发展。加快推进居住建筑和公共建筑节能改造，持续推动老旧供热管网等市政基础设施节能降碳改造。提升城镇建筑和基础设施运行管理智能化水平，加快推广供热计量收费和合同能源管理，逐步开展公共建筑能耗限额管理。

深化可再生能源建筑应用，推广光伏发电与建筑一体化应用。积极推动严寒、寒冷地区清洁取暖，推进热电联产集中供暖，加快工业余热供暖规模化应用，积极稳妥开展核能供热示范，因地制宜推行热泵、生物质能、地热能、太阳能等清洁低碳供暖。引导夏热冬冷地区科学取暖，因地制宜采用清洁高效取暖方式。提高建筑终端电气化水平，建设集光伏发电、储能、直流配电、柔性用电于一体的“光储直柔”建筑。

推进农村建设和用能低碳转型。推进绿色农房建设，加快农房节能改造。持续推进农村地区清洁取暖，因地制宜选择适宜取暖方式。发展节能低碳农业大棚。推广节能环保灶具、电动农用车辆、节能环保农机和渔船。加快生物质能、太阳能等可再生能源在农业生产和农村生活中的应用。加强农村电网建设，提升农村用能电气化水平。

## 三、优化交通运输结构促进绿色交通出行

推动运输工具装备低碳转型。积极扩大电力、氢能、天然气、先进生物液体燃料等新能源、清洁能源在交通运输领域应用。大力推广新能源汽车，逐步降低传统燃油汽车在新车产销和汽车保有量中的占比，推动城市公共服务车辆电动化替代，推广电力、氢燃料、液化天然气动力重型货运车辆。提升铁路系统电气化水平。加快老旧船舶更新改造，发展电动、液化天然气动力船舶，深入推进船舶靠港使用岸电，因地制宜开展沿海、内河绿色智能船舶示范应用。提升机场运行电动化智能化水平，发展新能源航空器。

构建绿色高效交通运输体系。发展智能交通，推动不同运输方式合理分工、有效衔接，降低空载率和不合理客货运周转量。大力发展以铁路、水路为骨干的多式联运，推进工矿企业、港口、物流园区等铁路专用线建设，加快内河高等级航道网建设，加快大宗货物和中长距离货物运输“公转铁”“公转水”。加快先进适用技术应用，提升民航运行管理效率，引导航空企业加强智慧运行，实现系统化节能降碳。加快城乡物流配送体系建设，创新绿色低碳、集约高效的配送模式。打造高效衔接、快捷舒适的公共交通服务体系。

加快绿色交通基础设施建设。将绿色低碳理念贯穿于交通基础设施规划、建设、运营和维护全过程，降低全生命周期能耗和碳排放。开展交通基础设施绿色化提升改造，统筹利用综合运输通道线位、土地、空域等资源，加大岸线、锚地等资源整合力度，提高利用效率。有序推进充电桩、配套电网、加注（气）站、加氢站等基础设施建设，提升城市公共交通基础设施水平。

## 四、大力支持农业生产领域实施电能替代

在农业排灌、农副产品加工等领域将燃油（煤）用能改为电能，减少大气污染。一是在节水灌溉方面，积极为农业电排灌创造条件。二是在农业产业生产基地，围绕提高牲畜饲养、屠宰作业方面的电气化水平，大力推广电动加工、电动给料、冰蓄冷藏等技术。三是在特色果业发展方面，积极推动喷灌、热泵育苗、筛选水果、空调冷

库全部电气化。四是在“果网”信息平台建设方面，支持“互联网+”技术的推广应用，努力为电脑等电子产品的普及应用提供可靠电力保障。五是积极服务农民专业合作社、龙头企业和现代农业园区，在农副产品加工方面，做好电动脱粒机、电动烘干机、核桃脱皮机、热泵型烤烟房等技术的推广应用。

## 第三节　能源供应侧电气化水平提升路径

### 一、推进火力发电系统节能减排

虽然我国火力发电厂是电力工业的重要组成部分，但在传统火力发电厂中，能源消耗较大，需要以节能控制理论为前提，环保技术理论为基础，强化其实际应用效果。

**1. 提升燃烧效率**

循环流化床锅炉节能减排效果由燃烧率反映，煤炭作为火力发电厂主要应用燃料，其燃烧效率可直接影响节能减耗效果，因此需借助一定手段控制煤炭燃烧速度，实现锅炉节能。结合火力发电厂循环流化床锅炉运行来看，可借助锅炉余热回收增强锅炉效率。例如，借助高压蒸汽实现炉内热量循环，回收蒸汽余热，提高锅炉燃烧效果，在信息化时代，可借助信息技术增设智能温度采集系统，用以监测锅炉余热泄漏量及阀门余热排放量，便于操作人员及时回收蒸汽余热，同时可于尾部烟道内扩大受热面，使所回收的蒸汽余热得到充分利用，继而实现火力发电厂锅炉节能降耗。

**2. 缩短启动时间**

相较于传统煤粉炉，循环流化床锅炉启动时间稍慢，可造成额外能源损耗，严重阻碍了火力发电厂节能降耗进程，因此需结合循环流化床锅炉实际情况，降低机组启动能耗。例如，运用辅助蒸汽加热炉底，提升循环流化床锅炉燃油温度，便于油枪着火雾化，起到缩短冷却时间的作用；此外，还可于锅炉启动前期加强排污工作，提高锅水品质，加强锅炉内部受热较弱部分的循环换热，改善水循环，提高锅炉性能，实现能源节约。循环流化床锅炉点火运行后需及时开启高低压旁路疏水，并完成汽轮机轴封及真空操作，使汽轮机前蒸汽与炉前温度一致，且同步升高，当循环流化床锅炉内蒸汽参数达到冲转标准后对机组冲转，规避循环流化床锅炉温度不达标而导致的持续燃烧、能源损耗问题。

**3. 新方式锅炉运行**

随着节能理念的更新，火力发电厂锅炉运行相关技术、燃烧方式、能源均得到发展，为推动循环流化床锅炉节能减耗，应注重应用新方法新技术。例如，借助超强脱硫技术突出环保优势，循环流化床锅炉在不同送风方式、不同浓度下所产生的氮氧化物低于其他方式约20%，在新时代背景下，超强脱硫技术逐步成为火力发电厂循环流化床锅炉运行的必备技术，我国空气污染物排放标准愈发严格，根据现阶段脱硫技术研究来看，可于循环流化床锅炉内添加石灰石，以此提高火力发电脱硫效果，推动节能减耗。此外还可基于低氧燃烧方式构建循环流化床锅炉燃料热循环回路，在重复性、连续性燃烧过程中提高燃料利用率，降低煤炭损耗，且在热循环回路辅助下降低电能消耗，节能减耗效果较为显著。除超强脱硫技术与低氧燃烧外，还可对锅炉发电后的原材料进行再次加工应用，优化能源结构，例如：针对循环流化床锅炉煤炭燃烧后所产生的灰渣进行成分分析，了解其再利用价值，将含碳量加高的灰渣作为生活用煤砖，可再次进行燃烧，充分回收煤炭热能；此外，灰渣为多孔性碱性物质，还可作为过滤材料再次利用，并可对灰渣内的锗、钡、铀成分进行提取回收，实现能源升级。

**4. 采用混合燃料**

煤炭是火力发电的必备能源，而煤炭具有不可再生特性，同时煤炭在循环流化床锅炉燃烧中易产生大量有害物质，能源性价比较低，因此为促进火力发电厂锅炉节能减耗，应将现有煤炭资源与生物能源融合，形成混合燃料，生物能源与煤炭能源相辅相成，既提升煤炭燃烧效率，又可降低能源消耗，提高火力发电生态性。常见的生物能源为秸秆，其直接焚烧不仅造成能源浪费，还会导致大气污染，因此可将秸秆作为生物能源进行处理发酵，生成烷烃等可燃性气体，此过程中无有害气体产生，环保效果显著，而烷烃等可燃性气体又可对煤炭燃烧起到促进作用，提高燃料燃烧效果，实现节能减耗。秸秆资源加工处理工序较为繁琐，以此可将煤炭与秸秆混合后直接燃烧应用，此时不同燃料间具有足够燃烧空间，使氧气助燃效果更为显著，实现煤炭资源的深度燃烧利用，推动循环流化床锅炉节能降耗式发展[31]。

## 二、提高非化石能源发电占比

新疆地域辽阔，太阳能和风能资源丰富。其中太阳年均日照小时数为2500~3500小时，年总太阳辐射量为每平方米5000~6400兆焦耳，达到二类地区标准。风能资源总储量8.9亿千瓦，技术开发量7.8亿千瓦，技术可开发面积20.4万平方千米。由此可见，新疆地区可以大力发展光伏和风力发电，提高非化石能源发电占比。具体可以从以下几个方面开展。

**1. 大力推进风电和光伏发电基地化开发**

在风能和太阳能资源禀赋较好、建设条件优越、具备持续规模化开发条件的地区，着力提升新能源就地消纳和外送能力。加快推进以沙漠、戈壁、荒漠地区为重点的大型风电太阳能发电基地。以风光资源为依托、以区域电网为支撑、以输电通道为牵引、以高效消纳为目标，统筹优化风电光伏布局和支撑调节电源。

结合哈密—郑州、准东—皖南特高压通道输电能力提升和哈密—重庆新规划外送通道建设，统筹本地消纳和外送消纳，在北疆以风电为主建设千万千瓦级的新能源基地；在南疆以光伏为主建设千万千瓦级的新能源基地，探索光伏治沙等新发展方式；在东疆则风电、光伏发电、光热发电相结合，建设千万千瓦级新能源基地。

**2. 积极推进风电和光伏发电分布式开发**

积极推动风电分布式就近开发。在工业园区、经济开发区、油气矿区及周边地区，积极推进风电分散式开发。重点推广应用低风速风电技术，合理利用荒山丘陵、沿海滩涂等土地资源，在符合区域生态环境保护要求的前提下，因地制宜推进中东南部风电就地就近开发。创新风电投资建设模式和土地利用机制，实施“千乡万村驭风行动”，大力推进乡村风电开发。积极推进资源优质地区老旧风电机组升级改造，提升风能利用效率。

大力推动光伏发电多场景融合开发。全面推进分布式光伏开发，重点推进工业园区、经济开发区、公共建筑等屋顶光伏开发利用行动，在新建厂房和公共建筑积极推进光伏建筑一体化开发，实施“千家万户沐光行动”，规范有序推进整县（区）屋顶分布式光伏开发，建设光伏新村。积极推进“光伏+”综合利用行动，鼓励农（牧）光互补、渔光互补等复合开发模式，推动光伏发电与5G基站、大数据中心等信息产业融合发展，推动光伏在新能源汽车充电桩、铁路沿线设施、高速公路服务区及沿线等交通领域应用，因地制宜开展光伏廊道示范。推进光伏电站开发建设，优先利用采煤沉陷区、矿山排土场等工矿废弃土地及油气矿区建设光伏电站。积极推动老旧光伏电站技术改造升级行动，提升发电效益。

# 第五章

# “双碳”背景下新疆电能替代推广策略

# 第一节 因地制宜推广合适的电能替代技术

## 一、各类典型场景下的电能替代应用情况分析

随着电能替代技术的进步，多种成熟的电能替代技术已在实践中应用推广，部分典型的电能替代技术如附录1所示。其中“电代煤”主要替代技术包括电采暖、热泵、蓄热电锅炉、电炊具等；“电代油”主要替代技术包括电动汽车、电气化铁路、电窑炉、电泵等；“电代气”主要替代技术包括电炊具、电热水壶、电采暖等。这些技术在五大领域中的应用情况如下。

**1. 工业领域**

工业领域电能替代技术主要包括电窑炉、燃煤自备电厂替代、工业电锅炉等。

（1）与传统窑炉相比，电窑炉具有无污染无公害、自动控温、保温性能好、安全系数高等优点。电窑炉技术推广主要受到电价水平、设备热利用率及可控性、操作易用性及自动化程度等因素影响。

（2）燃煤自备电厂主要集中在钢铁、电解铝、石油化工、水泥等高载能行业，主要分布在资源富集地区和部分经济较发达地区。

（3）工业电锅炉可用于纺织、印染、造纸、食品、橡胶、塑料、化工、医药、钢铁、冶金等工业，并可供企业、机关、宾馆、学校、餐饮、服务性等行业的取暖、洗浴、空调及生活热水。工业电锅炉具有环保、安全的优点，并可以实现多种时段、不同温控预设功能，其推广主要受到初期投入成本、可供热半径及管网末端压力等因素影响。

**2. 建筑领域**

建筑领域电能替代技术主要包括热泵、蓄热电锅炉、蓄冷空调及分散电采暖等。

（1）热泵通过消耗自身部分能量实现对环境介质中包含的能量升温并加以利用，其功耗低于供热量三分之一，具有可再生、高效节能、环保无污染、应用范围广的特

点，能够实现低温热源向高温热源的能量传递，将低温位热源的热量提升为高温位热量。其应用形式主要包括地源热泵、水源热泵、空气源热泵等。可应用于商厦、办公楼、医院、学校等公共建筑和别墅、居民楼等住宅建筑的供冷（热）中。热泵推广主要受到当地气候条件、地质条件、建筑物容积率、周边能源结构等因素影响。

（2）分散电采暖将小容量的电采暖设备，如电热膜、发热电缆、碳晶电热板、相变蓄能电暖气等分散安装在建筑室内的墙面、顶棚或地面部位，具有节能、节水、节地、无环境污染、使用寿命长、灵活布置等优点。分散电采暖技术可广泛应用于居民楼、学校、医院、商务办公楼、工厂车间、商场超市、宾馆酒店等各类建筑。在负荷集中的区域推广电采暖技术主要受电价及配网容量等因素的影响。

**3. 交通领域**

交通领域电能替代技术主要包括电动汽车、电气化铁路和轨道交通等。

（1）与传统汽车相比，电动汽车可以充分利用晚间用电低谷时富余的电力充电，提高发电设备利用率，从而提升其经济效益。研究表明，电动汽车能源利用效率高于传统汽车，有利于节约能源和减少二氧化碳的排量。电动汽车相关技术已逐渐成熟，且政策扶持力度较大，技术推广范围较广。其推广主要受到电池使用寿命及续航能力、充电设施普及程度和价格等因素的影响。

（2）电气化铁路及轨道交通建设和发展对国民经济发展具有十分重大的促进作用，具有节能、省地、运量大、全天候、无污染、安全性高的特点，属可持续发展的绿色环保交通方式。

**4. 农业生产及农产品加工领域**

农业生产及农产品加工领域电能替代技术主要包括农业电排灌和现代设施农业两类。农业电排灌可广泛用于农田排灌、喷灌、园林喷浇灌、水塔送水、养殖业给排水、抗洪排涝等领域，具有稳定可靠、效率高、节省能源、无污染、维护保养简单等优点。

现代设施农业是指利用具有特定性能和结构的设施、管理技术和工程技术，在一定程度上摆脱对自然环境的依赖而进行有效生产的农业，主要包括植物的设施栽培与动物的设施养殖。相关技术可广泛用于大棚种植、园艺、畜牧养殖和水产养殖等领域。

### 5. 居民生活领域

居民家庭生活领域电能替代主要包括电磁炉、电压力锅、电热水器等。居民生活领域的电能替代技术包括电炊具（电饭煲、电高压锅、电蒸锅、电炒锅、微波炉、电磁炉、电热饮水机、电热水壶等）、电洗浴热水器和家庭电气化，相关技术的应用可全面推动厨炊洗浴电气化，以实现“电代煤”“电代气”。

## 二、新疆各地产业发展情况及电能替代技术推广建议

从农业领域来看，2020年新疆地区灌溉面积超过10万公顷的地区如表5－1所示。可以看出塔城地区、阿克苏地区、昌吉回族自治州等地区灌溉面积广阔，农业发展情况良好，可以向这些区域推广农田排灌、喷灌等技术。

表5－1　2020年新疆地区灌溉面积前九的区域　（单位：万公顷）

| 序号 | 地区 | 灌溉面积 |
|---|---|---|
| 1 | 塔城地区 | 46.885 |
| 2 | 阿克苏地区 | 43.588 |
| 3 | 昌吉回族自治州 | 43.540 |
| 4 | 喀什地区 | 31.799 |
| 5 | 巴音郭楞蒙古自治州 | 29.924 |
| 6 | 伊犁哈萨克自治州 | 27.726 |
| 7 | 阿勒泰地区 | 22.344 |
| 8 | 和田地区 | 17.949 |
| 9 | 博尔塔拉蒙古自治州 | 14.001 |

从工业领域来看，2020年新疆地区营业收入前十五的行业如表5－2所示。从表中可见，前六名行业的营业收入占了工业领域总收入的60%以上，且大部分属于高耗能行业。结合2020年新疆地区主要工业产品产量分布（见表5－3），大致可以推断出新疆的工业城市主要分布在乌鲁木齐市、昌吉回族自治州、巴音郭楞蒙古自治州和阿克苏地区。因此可以向这些地区推广电锅炉、电窑炉等技术，对于拥有燃煤自备电厂的企业还可以推荐自备电厂电能替代技术。

表5-2　　2020年新疆地区营业收入前十五的行业

| 序号 | 行业 | 营业收入（万元） |
|---|---|---|
| 1 | 电力、热力的生产和供应业 | 17484883.8 |
| 2 | 有色金属冶炼及压延加工业 | 13659419.3 |
| 3 | 石油加工、炼焦及核燃料加工业 | 12653764.4 |
| 4 | 石油和天然气开采业 | 10322931.1 |
| 5 | 化学原料及化学制品制造业 | 9246693.5 |
| 6 | 电气机械及器材制造业 | 7637716 |
| 7 | 非金属矿物制品业 | 7124854.2 |
| 8 | 黑色金属冶炼及压延加工业 | 5539569.5 |
| 9 | 农副食品加工业 | 5432999.6 |
| 10 | 煤炭开采和洗选业 | 5097644.6 |
| 11 | 合成材料制造 | 3998281.6 |
| 12 | 纺织业 | 3980269.4 |
| 13 | 开采辅助活动 | 2975167.7 |
| 14 | 食品制造业 | 2426239.8 |
| 15 | 燃气生产和供应业 | 1783483.5 |

表5-3　　2020年新疆地区主要工业产品产量分布

| 地、州、市 | 生铁（万吨） | 粗钢（万吨） | 钢材（万吨） | 水泥（吨） | 硫酸（吨） | 烧碱（吨） | 合成氨（吨） | 塑料制品（吨） |
|---|---|---|---|---|---|---|---|---|
| 乌鲁木齐市 | 590.72 | 624.93 | 700.6 | 216.5 | 10135 | 539768 | 637251 | 280776 |
| 克拉玛依市 | / | / | 12.98 | 19.77 | / | / | / | 11000 |
| 吐鲁番市 | 10.93 | 1.68 | 9.85 | 151.93 | 28307 | 502160 | / | / |
| 哈密市 | 98.05 | 101.96 | 92.23 | 164.37 | 353225 | 9320 | / | 57372 |
| 昌吉回族自治州 | 6.83 | 83.37 | 100.18 | 346.43 | / | 841009 | 787026 | 186925 |
| 伊犁哈萨克自治州 | 190.23 | 204.4 | 206.98 | 284.75 | 47271 | 77135 | / | 40682 |
| 塔城地区 | / | / | / | 227.52 | / | / | / | 242126 |
| 阿勒泰地区 | / | / | / | 162.54 | 157329 | / | / | 7180 |
| 博尔塔拉蒙古自治州 | 0.03 | / | / | 138.7 | / | / | / | 31133 |
| 巴音郭楞蒙古自治州 | 174.67 | 185.22 | 186 | 262.25 | / | 140 | 706005 | 83915 |

续表

| 地、州、市 | 生铁（万吨） | 粗钢（万吨） | 钢材（万吨） | 水泥（吨） | 硫酸（吨） | 烧碱（吨） | 合成氨（吨） | 塑料制品（吨） |
|---|---|---|---|---|---|---|---|---|
| 阿克苏地区 | / | / | 9.83 | 476.72 | / | / | 733633 | 63072 |
| 克孜勒苏柯尔克孜自治州 | / | / | / | 186.15 | / | / | / | 2931 |
| 喀什地区 | / | / | 0.08 | 453.72 | 15323 | / | / | 94498 |
| 和田地区 | / | / | / | 408.59 | / | / | 1913 | 42404 |

在建筑领域、交通领域和居民生活领域，应该向所有地区推广电能替代技术。综上分析，各种电能替代技术重点推广区域情况如表5-4所示。

表5-4　　电能替代技术重点推广区域

| 领域 | 电能替代技术 | 推广区域 |
|---|---|---|
| 农业领域 | 农业电排灌和现代设施农业 | 塔城地区、阿克苏地区、昌吉回族自治州等 |
| 工业领域 | 电窑炉、燃煤自备电厂、工业电锅炉等 | 乌鲁木齐、昌吉回族自治州、巴音郭楞蒙古自治州、阿克苏地区 |
| 建筑领域 | 热泵、蓄热电锅炉、蓄冷空调及分散电采暖等 | 新疆所有地区 |
| 交通领域 | 电动汽车、电气化铁路和轨道交通等 | 新疆所有地区 |
| 居民生活领域 | 电磁炉、电压力锅、电热水器等 | 新疆所有地区 |

## 第二节　因技施策完善电能替代支持政策

### 一、国家及新疆电能替代政策现状

近几年国家和新疆地区出台了一系列有关电能替代的政策文件，如表5-5所示。从这些政策文件中可以看出，现阶段电能替代政策从全局上对电能替代工作给出指导性的意见；制定了各行业领域电气化发展的规划；给出了相关电价优惠和财政补贴政策。

表5-5　　2017—2020年国家和新疆电能替代相关政策

| 编号 | 政策名称 | 时间 | 发布部门 |
|---|---|---|---|
| 1 | 《关于我区电供暖项目直接交易输配电价的通知（试行）》 | 2017年10月 | 新疆发展改革委 |
| 2 | 《关于调整完善新能源汽车推广应用财政补贴政策的通知》 | 2018年2月 | 财政部、工业和信息化部、科技部、国家发展改革委 |
| 3 | 《打赢蓝天保卫战三年行动计划》 | 2018年7月 | 国务院 |
| 4 | 《新能源汽车产业发展规划（2021—2035年）》 | 2020年10月 | 国务院办公厅 |
| 5 | 《自治区发展改革委关于新疆电网电价调整有关事宜的通知》 | 2020年12月 | 新疆维吾尔自治区发展改革委 |
| 6 | 《新疆维吾尔自治区国民经济和社会发展第十四个五年规划和2035年远景目标纲要》 | 2021年3月 | 新疆维吾尔自治区人民政府 |
| 7 | 《“十四五”推进农业农村现代化规划》 | 2021年11月 | 国务院 |
| 8 | 《“十四五”工业绿色发展规划》 | 2021年11月 | 工业和信息化部 |
| 9 | 《新疆生态环境保护“十四五”规划》 | 2021年12月 | 新疆维吾尔自治区人民政府 |
| 10 | 《关于进一步加快新能源汽车推广应用及产业发展的指导意见》 | 2022年1月28日 | 新疆维吾尔自治区人民政府 |
| 11 | 《关于完善能源绿色低碳转型体制机制和政策措施的意见》 | 2022年2月 | 国家发展改革委、国家能源局 |
| 12 | 《“十四五”推进农业农村现代化规划》 | 2022年2月 | 国务院 |
| 13 | 《关于进一步推进电能替代的指导意见》 | 2022年3月 | 国家发展改革委等十部门 |
| 14 | 《“十四五”建筑节能与绿色建筑发展规划》 | 2022年3月 | 住房城乡建设部 |
| 15 | 《2022年能源工作指导意见》 | 2022年3月 | 国家能源局 |
| 16 | 《“十四五”现代能源体系规划》 | 2022年3月 | 国家发展改革委、国家能源局 |
| 17 | 《服务推进自治区大型风电光伏基地建设操作指引（1.0版）》 | 2022年3月 | 新疆维吾尔自治区发展改革委 |
| 18 | 《完善我区新能源价格机制的方案》 | 2022年4月 | 新疆维吾尔自治区发展改革委 |
| 19 | 《财政部关于下达2022年可再生能源电价附加补助地方资金预算的通知》 | 2022年6月 | 财政部 |
| 20 | 《“十四五”可再生能源发展规划》 | 2022年6月 | 国家发展改革委等九部门 |
| 21 | 《工业能效提升行动计划》 | 2022年6月 | 工业和信息化部等六部门 |

**1. 从全局上对电能替代工作给出指导性的意见**

在能源消费侧的电能替代工作方面，国家发展改革委等十部门于2022年3月公布了《关于进一步推进电能替代的指导意见》。该政策文件中提到要进一步拓展电能替代的广度和深度，努力构建政策体系完善、标准体系完备、市场模式成熟、智能化水平高的电能替代发展新格局。同时，给出了工业领域、交通领域、建筑领域、农业农村领域电气化水平提升的指导意见。

在能源发电侧的电能替代工作方面，国家发展改革委等九部门于2022年6月颁布了《"十四五"可再生能源发展规划》。该政策文件中指出2025年可再生能源年发电量达到3.3万亿千瓦时左右，"十四五"期间发电量增量在全社会用电量增量中的占比超过50%，风电和太阳能发电量实现翻倍。此外，2022年3月国家能源局印发的《2022年能源工作指导意见》中也提到加快发展非化石能源，夯实新能源安全可靠替代基础，加强化石能源清洁高效利用，推动煤炭和新能源优化组合，稳步推进能源绿色低碳发展。

**2. 制定了各行业领域电气化发展的规划**

对于工业领域，工业和信息化部、发展改革委、财政部等六部门发布了《工业能效提升行动计划》。该文件指出要加强重点行业能量系统优化、余热余压利用、可再生能源利用、公辅设施改造；持续开展国家绿色数据中心建设，提高网络设备等信息处理设备能效；加强用能供需双向互动，统筹用好化石能源、可再生能源等不同能源品种，积极构建电、热、冷、气等多能高效互补的工业用能结构；围绕电机、变压器、锅炉等通用用能设备，持续开展能效提升专项行动，加大高效用能设备应用力度，加强重点用能设备系统匹配性节能改造和运行控制优化。

对于建筑领域，住房城乡建设部出台了《"十四五"建筑节能与绿色建筑发展规划》。该文件中明确到2025年，城镇新建建筑全面建成绿色建筑，建筑能源利用效率稳步提升，建筑用能结构逐步优化，建筑能耗和碳排放增长趋势得到有效控制，基本形成绿色、低碳、循环的建设发展方式，为城乡建设领域2030年前碳达峰奠定坚实基础。

对于交通领域，2020年10月国务院办公厅印发《新能源汽车产业发展规划（2021—2035年）》，以融合创新为重点，突破关键核心技术，提升产业基础能力，构建新型产业生态，完善基础设施体系，优化产业发展环境，推动我国新能源汽车产业高质量可持续发展，加快建设汽车强国。在2022年1月28日，新疆维吾尔自治区人民政府颁布《关于进一步加快新能源汽车推广应用及产业发展的指导意见》，坚持创新驱动、绿色发展。以加快新能源汽车推广应用和充换电基础设施建设为契机，推进现有汽车工业结构调整转型升级，引进和培育新能源汽车产业链，推动新能源汽车产业技术、工艺、产品和运营模式的创新，构建绿色产业发展新体系。

对于农业领域，国务院2022年2月发布的《“十四五”推进农业农村现代化规划的通知》明确指出，加强绿色低碳、节能环保的新技术新产品研发和产业化应用。以耕地质量提升、渔业生态养殖等为重点，巩固提升农业生态系统碳汇能力。推动农业产业园区和产业集群循环化改造，开展农业农村可再生能源替代示范。建立健全农业农村减排固碳监测网络和标准体系。

**3. 给出了相关电价优惠和财政补贴政策**

价格是引导资源配置的灵敏信号，2020年12月新疆维吾尔自治区发展改革委颁布《自治区发展改革委关于新疆电网电价调整有关事宜的通知》严格执行国家批复的输配电价，实现大工业用电目录销售电价同价，完善电采暖电价政策，提倡疏导垃圾焚烧发电分摊电费。

2022年4月新疆维吾尔自治区发展改革委颁布《完善我区新能源价格机制的方案》，推出煤电价格改革方案、打通电价传导渠道、用好用足国家政策、分类稳妥推进实施、加大消纳责任考核。通过突出对新建新能源项目的电价支持，调动市场主体投资建设积极性，促进新能源健康持续发展。

## 二、国家及新疆现有电能替代政策不足之处

从现有的电能替代政策来看，当下主要存在的不足在于电价优惠和财政补贴内容和形式比较单一，激励效果不够显著；此外，电能替代政策受社会传统价值观影响较深。[32]

**1. 激励性政策内容和形式单一**

首先，电能替代是新兴产业，又具有公共产品特性，市场价格体系难以合理补偿，使得市场价格高于传统能源，导致电能替代项目市场投资不足，发展初期需要激励政策推动。当前电能替代项目的财政补贴、税收减免、扶持投入等多方面尚未形成配套

政策，对客户选用节能环保设备缺少必要的激励措施。缺乏完善的吸引社会资本的投融资机制，主要是依赖财政投入为主，虽可注入原动力，但也造成极大财政压力，尤其是电力基础设施建造方面，通常都面临着较高的初期投资，以及后续增容改造等一系列费用问题，应当扩大确定电能替代产业市场化的受益者，充分发挥各主体优势，积极促进电能替代项目推进。

其次，税收优惠政策支持力度较低。税收优惠政策影响企业对替代技术实施和研发的投入。国家层面尚没有统一的针对电能替代的税收优惠政策，地方政府多是尝试性的政策优惠，电能替代设备的生产和使用方面相应的税收优惠较少，意味着参与电能替代的企业需要承担全部的改造成本，而面向新技术、新能源企业所享有的政策，并不同时面向电能替代实施企业，从而使得电能替代方面的税收优惠不足以抵消电能替代实施所产生的高成本。同时对技术创新的政策支持尚不完善。技术创新是电能替代可持续发展的关键因素，我国现有电能替代自身技术创新力不足，市场内部发展道路窄，主要依赖政府和国家电网公司，忽视了市场潜在主体，需要技术创新政策支持。同时也缺乏对技术应用的支持，实施电能替代项目的技术经济性还较低，多数政府采取“先用后补”的补贴方式，用户担心补贴不到位、运行费用高，推广应用意愿不高。

**2. 电能替代政策受社会传统价值观影响较深**

在能源市场中，传统能源技术凭借各种发展优势占领了大部分市场，并形成了规模经济，整个市场的协同措施也比较完善，形成了成本较低而收益较高的市场形态，这显示了现有市场对传统能源的依赖性。同时，对于能源消费者来说，传统的能源消费意识和习惯根深蒂固，他们也习惯于使用低成本的传统能源，不愿意主动接受电能，政府有关电能替代的政策落实不能得到公众广泛的支持，难以有效引入清洁能源和电能替代的绿色发展新观念。

社会传统价值观体现在以下几个方面。首先是消费能源意识。现阶段，公众对于清洁能源生态保护大多停留在较低层面，特别是农村地区，往往重点还在发展经济方面，对清洁能源的选择和使用没有成熟的思想观念，更多依赖于政府去组织处理，对自我要求低。其次是消费能源习惯制约。由于电能驱动的电器产品在技术上的创新，公众在实际操作过程可能存在一定的难度，进而继续选择更习惯且易控制的非电器产品。另外，对电器产品智能、清洁性认知和接受需要一定的过程，特别是更换能源使用设施时，缺少对经济性和社会性等综合性的考虑，仅针对使用初期，认为电能替代需要较高的成本，进而放弃进行替代，维持用能现状。这些固有的消费意识和习惯都影响着电能替代在具体实践中的发展和落实。

## 三、电能替代政策发展建议

由于电能替代技术种类较多，不同技术的适用领域和推广实施过程都有所不同。因此可以从电能替代技术角度，去完善现有的电能替代政策体系。

**1. 电采暖政策建议**

电采暖技术已相对成熟，节能减排效果显著，因此对于新建的公共建筑和住宅楼基本都是采用该技术进行供暖。但对于农村和偏远地区，电网建设相对薄弱，需要进行工程改造才能满足电采暖设备的用电需求。其次农村居民收入水平低，难以承受设备的前期投入成本。

对此可以给予电采暖电价优惠，减少农村居民的用电成本。其次可以在农村居民购买电采暖产品时进行补贴，减少设备购置成本。

**2. 工业电锅炉和工业电窑炉政策建议**

工业电锅炉和工业电窑炉电能替代技术在实际推广中存在前期投资金额较大，资金回收周期长，且电压电量有较高的要求等问题。这使得中小型企业难以承担前期设备和电网的改造费用。

对此可以制定通过限制类和补贴类政策来推进这两项技术的推广。其中限制类政策可以禁止效率低、环境污染较大的电锅炉和电窑炉使用，强制这些工业用户进行工业电锅炉或工业电窑炉改造。补贴类政策可以减免设备的关税、给出免息或低利息贷款政策、给予设备购置补贴等，减少企业前期投资负担。

**3. 农业电排灌政策建议**

农业电排灌在农村经济社会发展中占据重要地位。农业电排灌的主要问题在于农村电力基础设施较为薄弱，难以满足电排灌设备的大量投入。对此可以出台一些规划性的文件，做好农村电网的发展规划。

**4. 电动汽车政策建议**

电动汽车在技术方面近几年已经有了明显的提高，续航能力不断提升，充电时间也逐渐缩短。但与传统的燃油汽车相比，续航能力和便捷性方面仍有一定的差距。此外电动汽车总体的使用成本，包括电费、维护保养费等，与燃油汽车相比没有明显的优势。

对此可以制定一些调控性的政策，给予电动汽车牌照颁发及使用的优先权。无论是实行牌照摇号还是牌照拍卖，都应该增加电动汽车在机动车配额中的比重。此外还可以制定一些强制性或规划性的政策，要求充电桩与电动汽车之比要达到某个标准值，解决电动汽车充电问题。最后还可以进一步提高电动汽车购置时的价格优惠。

**5. 电气化厨房和电热水器政策建议**

由于天然气的经济性优于电力，因此在天然气覆盖区域，居民用户主要采用天然气炉灶和燃气热水器。在天然气覆盖不到的区域则会使用液化石油气或木柴等燃料。

因此在政策方面应该以补贴类政策为主，对农村居民实施燃料补贴政策，给予一定财政补贴，鼓励居民“以电代燃”和“以电代柴”。

## 第三节　电能替代项目商业模式选择

### 一、电能替代现有商业模式介绍

在“双碳”背景下，电能替代相关产业如雨后春笋般快速成长。但要在前所未有的市场空间、始料未及的市场竞争中胜出，就需要根据不同类型的电能替代项目来选择合适的商业模式，从而实现多方共赢。

我国现有的电能替代商业模式主要有：自主全资模式、建设-经营-转让模式、公私合营模式、设备租赁模式、合同能源管理模式和工程总承包模式（这些商业模式的具体介绍见附录2）[33-35]。这几种商业模式的优缺点如表5-6所示。不同的商业模式其优缺点有明显的区别，因此需要根据实际的电能替代技术选择合适的商业模式。

表5-6 商业模式优缺点分析

| 商业模式 | 优点 | 缺点 |
| --- | --- | --- |
| 自主全资模式 | 所有收益归企业所有，不存在任何利益纠纷问题 | 对企业资金要求较高，资金风险相对较大 |
| 建设-经营-转让模式 | 降低财政负担，提高项目运作效率，项目回报率明确，政府与企业间利益纠纷少 | 前期磋商过程可能较长；政府在特许期内对项目的控制权减弱；因政府的特殊身份存在，有政治风险 |
| 公私合营模式 | 减少了承建商与投资商风险，融资难度低 | 组织形式比较复杂，增加了管理上协调的难度；如何设定项目的回报率可能成为一个颇有争议的问题。 |
| 设备租赁模式 | 降低使用成本，提高设备利用率；提升施工效率及安全性；可获得良好的技术服务 | 长年支付租金，形成长期负债；承租人对租用设备无所有权，只有使用权 |
| 合同能源管理模式 | 有效提升节能率，优化资金配置；投资回收期短，实现双赢结果 | 技术力量还不能提供全方位节能服务；节能经济效益的评估体系还不够完善；节能改造项目融资渠道有限，缺乏经济激励政策 |
| 工程总承包模式 | 合同关系简单，组织协调工作量小；可以缩短项目建设周期 | 招标发包工作难度大。合同管理的难度一般较大；业主择优选择承包方范围小；质量控制难度大 |

## 二、典型电能替代项目适用商业模式分析

**1. 工业电锅炉/电窑炉项目商业模式分析**

工业电锅炉/电窑炉项目的特点在于技术成熟，节能减排效果良好；工程量较大，一般需要对电网进行升级改造；前期设备投入成本较大，建成后需要定期进行维护。如果企业自身资金充足，可以选择工程总承包模式，减少项目建设周期，享受承包商提供的配套服务。若资金不太充裕，可以选择合同能源管理模式，将资金压力转移到节能服务公司。

**2. 电采暖项目商业模式分析**

电采暖项目的特点在于设备单价低，数量多；建设过程中需要对建筑物进行一定的施工；项目前期需要投入较多的资金用于设备购置，后期则需要投入少量的费用用于设备维护。资金充足的客户可以选择工程总承包模式，直接将电采暖项目外包给承包单位。若资金不太充足，可以选择合同能源管理模式、公私合营模式和建设移交模

式，借助能效公司或政府部门减少资金压力。

**3. 农业电排灌项目商业模式分析**

农业电排灌技术成熟，排灌用的电动水泵已有成熟的商业产品，且设备安装简单、使用方便，但项目建设过程中需要考虑供电变压器容量是否满足要求。因此客户在电动水泵设备购置方面可以自主全资购置，在变压器设备购置方面可以选择全自主全资模式，也可以选择设备租赁模式。

**4. 餐饮业全电气厨房项目商业模式分析**

全电气厨房项目相对于工业锅炉改造项目来说，投资资金和项目建设周期都相对较少，同样具备节能效果良好等优点。因此客户可以根据自身资金情况选择自主全资模式或合同能源管理模式。

综上所述，对于典型的电能替代项目，其商业模式的选择可以参考表5-7。

表5-7　　典型电能替代项目商业模式

| 序号 | 电能替代项目 | 商业模式 |
| --- | --- | --- |
| 1 | 工业电锅炉/电窑炉 | 工程总承包模式、合同能源管理模式 |
| 2 | 电采暖 | 工程总承包模式、合同能源管理模式、建设移交模式、公私合营模式 |
| 3 | 农业电排灌 | 自主全资模式、设备租赁模式 |
| 4 | 全电气厨房 | 自主全资模式、合同能源管理模式 |

## 第四节　电能替代项目推广实施流程

为进一步规范电能替代全流程管控，提升精益化管理水平，有效促进电能替代市场开拓和公司售电量增长。国网新疆电力营销部通过梳理提炼电能替代潜力调研、项目储备、跟踪实施、运行评估、总结提升等五大业务内容及流程，制定电能替代推广业务流程规范，依托新一代营销信息系统和普查App，推进电能替代业务常态化、制度化、规范化。

**1. 潜力调研**

发挥营销各专业服务客户、贴近客户、了解客户的优势，主动对接政府、设计单位，多渠道搜集、调研，掌握客户电能替代需求及潜力空间，进而形成潜力项目，具体流程如图5-1所示。

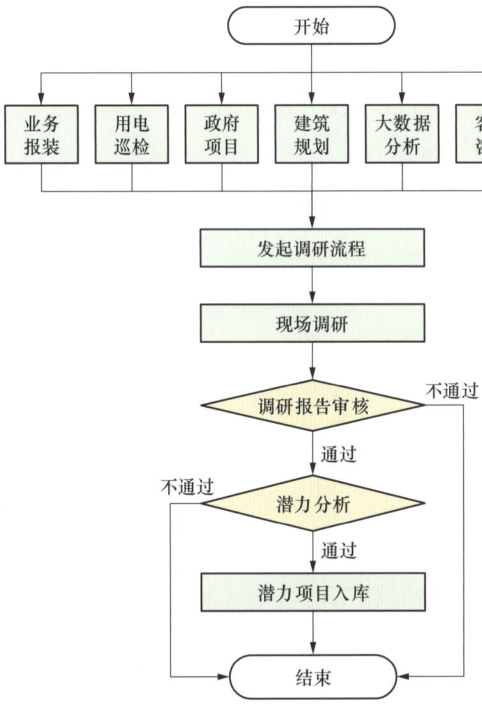


图5-1　潜力调研业务流程

业扩报装渠道：客户经理完成现场调研，在编制供用电方案时对具有电能替代潜力的业扩项目进行备案，完善潜力项目信息，为后期辅助决策提供支持。在系统供电方案答复环节并发电能服务管理平台潜力项目子流程，经审核确认后进入公司潜力项目资源库。

用电检查周期巡检渠道：用电检查员在开展现场用电检查时，沟通了解客户用能优化提升、项目实施、产品购置等服务需求，在用电检查单上填写相关信息，录入营销业务系统用电检查模块，同时并发电能服务管理平台潜力项目子流程，经用电检查班长审核确认后进入公司潜力项目资源库。

政府重大项目及专项行动渠道：省、地（市）、县公司发展部门常态化组织对接属地发改、住建、工信等政府部门了解发展重大项目用电需求、规划建设信息等契机，做好电能替代宣传推广及潜力挖掘，电能替代专责对接发展部门，根据重大项目清单及专项行动确定涉及的重点客户，制订调研计划，将调研计划派给负责现场调研的班组长，班组长将调研计划派给组员，进行现场调研，相关信息经审核确认后进入公司潜力项目资源库。

建筑规划设计单位渠道：省营销服务中心、地（市）、县公司等常态化组织对接建筑、电力等相关设计单位，了解项目设计、建设信息，在项目设计环节推荐引入电能替代方案，做好潜在替代项目信息挖掘。电能替代专责根据获取的新建建筑开发信息，制定调研计划并派给负责现场勘查的班组长，班组长将调研计划分派给组员，进行现场勘查。班组长对勘查后的潜力分析报告进行审核，相关信息经审核确认后进入公司潜力项目资源库。

专项调研渠道：根据实际工作需要，地（市）公司营销部针对特定客户、特定行业每季度组织开展一次电能替代专项调研，挖掘客户的电能替代潜力。电能替代专责制订调研计划并派给负责现场勘查的班组长，班组长将调研计划分派给组员，进行现场勘查，相关信息经审核确认后进入公司潜力项目资源库。

存量客户大数据分析渠道：省营销服务中心、地（市）公司组织应用大数据模型和算法，围绕用电量、用电时间等关键因素，对存量客户分地区、分行业、分领域进行电能替代潜力分析、排序，形成重点客户清单，制订现场调研计划。电能替代专责将调研计划派给负责现场勘查的班组长、用电检查员、台区经理等人员，收到调研任务后，对重点客户进行现场核查，了解客户电能替代意愿，班组长对调研后具备电能替代潜力的项目信息经审核确认后进入公司潜力项目资源库。

客户咨询渠道：营业厅客服人员、95598客服经理根据客户在供电公司营业厅当面询问、电话以及其他方式咨询用能方式、用能设备、电能替代相关技术及业务的过程中，将获取的客户电能替代潜力信息告知电能替代专责，由电能替代专责发起调研流程，由班组长分派给组员，进行现场调研，班组长对调研后的潜力分析报告进行审核，具备实施可行性的项目进入电能替代潜力项目库。

厂商推荐渠道：省营销服务中心、地（市）、县公司每季度组织对接系统内外部技术服务、设备制造等电能替代相关厂商主动告知、推荐的客户项目，发掘电能替代潜力。电能替代专责根据厂商推荐信息制订调研计划，并派给负责现场调研的班组长，班组长将调研计划分派给组员，进行现场调研，班组长对调研后的潜力分析报告进行审核，具备实施可行性的项目进入电能替代潜力项目库。

**2. 项目储备**

对业扩报装、用电检查周期巡检等8个潜力渠道形成的潜力项目库中的项目开展动态跟踪，通过与客户和支撑单位沟通项目方案，以确定项目的技术可行性、环保可行性、经济可行性和用户实施意愿。负责项目储备的班组长，将跟踪潜力库项目分派给组员，与客户、支撑单位沟通，必要时再次进行现场勘查，制订项目初步方案，经班组长审核后将客户有实施意愿且技术、经济、环保可行的项目纳入电能替代储备项目库。具体流程如图5-2所示。

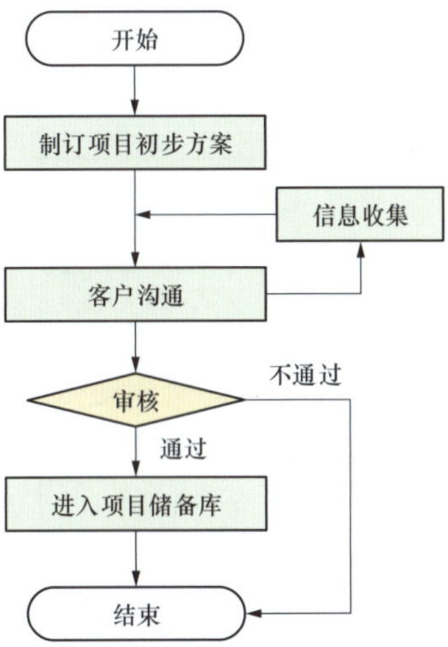


图5-2 项目储备业务流程

客户经理通过与客户进行沟通，了解相关设备情况及数据，制订项目初步实施方案；同时应根据项目的具体类别，对涉及电能替代专用计量装置安装的用户进行现场勘查，提醒客户提前做好计量装置安装的相关准备工作。

**3. 跟踪实施**

电能替代专责根据储备项目库制订跟踪实施计划，并派给负责市场开拓的班组长。班组长将跟踪实施计划分配到组员，进行项目跟踪实施。组员可将综合能源公司等公司内部单位推荐给客户，对于公司内部单位实施的项目，组员配合内部单位与客户确认合作意向，并负责跟踪项目实施进度，在电子工单中定期更新实施的过程图片、事件等进度信息，由班组长进行定期审核。项目实施完成后，电能替代专责跟踪项目运行情况，并选择合适时间启动项目电量统计。电量统计期间，电能替代专责要根据信息系统的电量核查情况，及时修正相关问题。具体流程如图5-3所示。

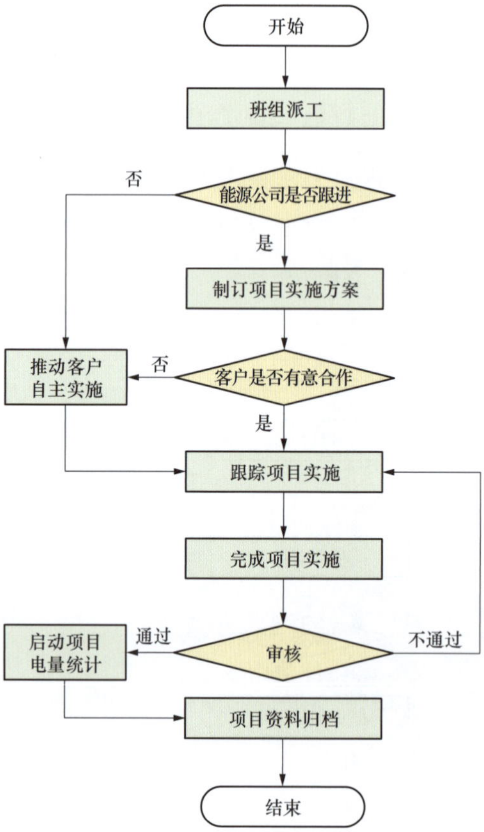


图5-3　跟踪实施业务流程

## 4. 运行评估

地（市）公司营销部电能替代专责开展项目运行评估并发布评估结果，主要包括项目效益评估和项目管理评估，具体流程如图5-4所示。在电能替代项目建设结束后，从项目替代电量纳入统计之日起3个月后，自动触发项目运行评估流程。项目效益评估由电能替代专责组织综合能源公司等支撑单位，依据评估指标进行处理；项目管理评估由电能替代专责依据评估指标直接进行评估。运行评估结束后，电能替代专责对评估结果进行汇总审核并发布评估报告。

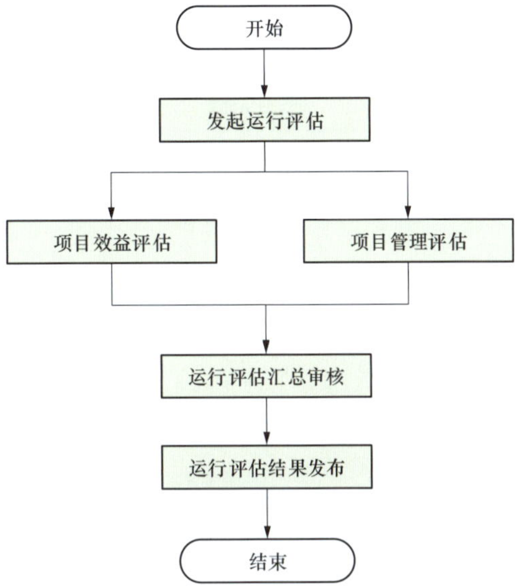


图5-4　运行评估业务流程

省公司营销部组织省营销服务中心对各单位评估工作开展情况进行抽查，抽查覆盖率不低于30%。同时，建立常态化的线上系统稽查和线下现场检查制度，定期对替代项目管理规范性、替代电量准确性等开展抽查和互查，不断提高电能替代工作质量。

**5. 总结提升**

电能替代专责根据项目运行评估结果，结合项目实施的典型性、先进性、示范性等实际情况，判断是否发起总结提升流程。总结提升是指分层级、分技术、分领域对项目在技术创新、推广经验、商业模式等方面的典型做法与经验进行总结提炼，并通过典型案例对不同类型的典型做法进行呈现，形成技术创新、推广经验、商业模式等方面的典型案例和典型经验，供各单位查询借鉴。每个县公司，由电能替代专责筛选5～10个典型案例、典型经验，由县公司营销分管领导审批后报送地市公司。每个地市公司，由电能替代专责筛选10个典型案例，由地市公司营销分管主任审批后报送省营销服务中心。省营销服务中心筛选50个典型案例，报送省公司营销部。省公司营销部筛选20个典型案例，报送国家电网参加每年的评选发布。如图5-5所示。

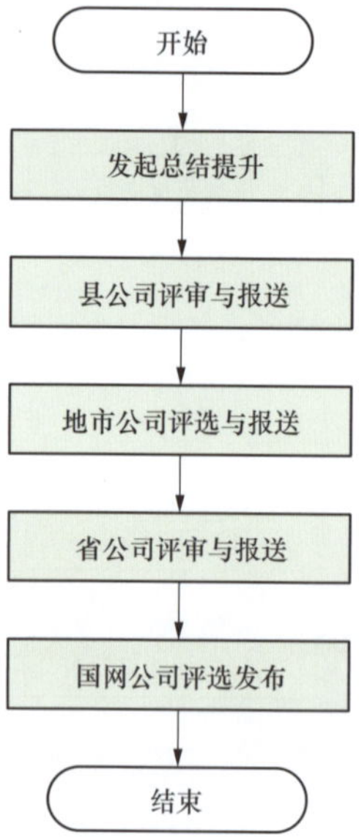


图5-5　总结提升业务流程

## 第五节　新疆电气化水平提升保障措施

对于新疆电气化水平提升工作的支撑保障体系，可以从加强组织领导、强化资源保障、强化监督考核、促请政策支持四方面进行完善。

**1. 加强组织领导**

强化组织领导，形成主要领导推动、专业部门协同的工作格局，促进公司各专业形成合力推进电能替代。对工业、交通、建筑、公共机构、农业农村等重点领域应结合地方发展、产业特色、资源禀赋、用能特点等明确工作目标、责任分工和重点任务。相关部门应加强横向协同、纵向贯通，明确职责分工，建立联动机制，加强过程管控，对重点工作实施进度进行动态评估和监管，促进工作有序推进。各市（县）要根据重点工作细化工作方案，制订实施计划，强化政企合作，提高电能替代成效。

**2. 强化资源保障**

各单位要加强对电能替代工作的全方位资源保障，完善业务发展的机构和人员配置，建立人才培养方案，逐步培育能效服务专业梯队，为电能替代工作顺利开展提供支持，及时发现并解决推进过程中遇到的问题，确保完成工作目标，达到预期效果。

进一步完善专项规划，补强电网网架结构，特别是农村配电网改造补强，提高供电保障能力。同时，对电能替代项目在电力增容和并网等方面给予支持，强化内部协同，提供优质服务。

做好宣传引导。广泛使用现代各类媒体，通过媒体专栏、主题宣传册、宣传片、电视广告、短视频等方式，普及电能替代知识，宣传电能替代方式和优点，有效引导普通客户改变消费习惯。

**3. 强化监督考核**

相关职能部门要强化电能替代工作的全过程监管，建立健全规划监督检查、评估考核与调整工作机制，强化评估考核在落实规划中的执行督导作用。按照总体的替代电量目标，安排年度计划、明确工作责任。开展电能替代工作执行情况月度工作汇报和工作评估机制，及时发现和解决电能替代工作实施中出现的问题。充分利用大数据、云计算、物联网、人工智能等现代科技手段，建立电能替代监督管理平台，确保数据信息全面翔实，有序共享、及时传递。积极发挥舆论监督作用，完善公众参与机制，加强信息公开，引导公众参与贯彻落实的全过程。

**4. 促请政策支持**

加强与政府沟通，争取政府规划引导，出台各类政策。

电价类政策：制定合理的分时电价政策，拉大峰谷电价差，引导客户使用低谷电，尤其是工业终端侧，进而拉低全天平均电价；制定合理的电价调整政策，对于建筑电采暖、农业电烘干等给予一定的价格优惠。

补贴政策：对由燃煤、燃油改用电设备的，给予补贴奖励，提高用户积极性；对电锅炉、冰蓄冷等实施特殊峰谷电价，有效降低用户成本；在工业集中区、产业聚集区适当推行特殊电价，打造电能替代工业聚集区。

环保类政策：禁止使用原煤、蜂窝煤等燃料项目，加快推进集中供热、“煤改气”“煤改电”等清洁能源替代工程建设；加快落后锅炉、燃煤窑炉的淘汰和对锅炉的改造升级；大力推广新能源汽车，加快充电桩配套设施建设，减少尾气排放。

技术标准类政策：颁布分布式能源并网的相关技术标准，解决分布式新能源的消纳问题，促进分布式新能源产业的发展；完善关于电动汽车行业的相关标准，明确电动汽车安全、充电桩建设、充电收费等技术标准，优化产业链。

**5. 强化人才培养**

推进高等教育与急需紧缺人才培养的有机结合，根据疆内企业、行业发展需要，改革人才培养模式。鼓励和引导职业院校围绕新能源产业调整专业设置，突出产教融合、校企合作。形成不同层级的专门人才队伍，提升电能替代人才供给总量，优化人才结构。与此同时，为了确保电能替代工作的顺利发展，需要根据实际情况提升人员对该项专业的认知度，减少偏见性认知。

# 第六章

# 电能替代项目典型案例分析

# 第一节　工业领域典型案例分析

## 案例1：新疆新安特钢有限公司电熔炉替代项目

### 1. 项目背景

新疆经济发展的同时，在能源安全、环境污染、气候变化等方面面临着诸多挑战。早先的新疆炼钢行业采用的是传统的高炉—转炉炼钢技术，但这种技术在生产过程中会产生大量氧化铁尘粒、高浓度的一氧化碳气体和二氧化碳气体等，并伴随着高温，易发生工人烫伤和一氧化碳中毒等事故。采用该技术每吨钢能耗为15.6吨标准煤，吨钢二氧化碳排放为2.2吨左右，且建设周期长达2年。这种传统炼钢技术不仅能耗大，且对环境污染极大。

与高炉—转炉联合钢铁厂相比，短流程的电熔炉钢厂的生产要简单、灵活得多，它能生产正常质量且在价格上比高炉—转炉联合技术要廉价的钢材。电熔炉炼钢的原料可选择成品废钢，省去了造成污染的诸多环节，同时建设周期只需6个月左右，能耗为9.4吨标准煤，吨钢二氧化碳排放为0.5吨左右。基于此，国网呼图壁供电公司携手新疆新安特钢有限公司积极响应政府打赢蓝天保卫战三年行动计划的号召，改变传统的炼钢方式，实施电能替代，进行节能减排，推动了新疆新安特钢有限公司电能替代项目最终落地实施。

### 2. 项目基本情况

传统的高炉—转炉炼钢技术原理是以铁水、废钢和其他渣料为主要原料，靠铁水本身的物理热和铁水成分间化学反应产生热量而在转炉中完成炼钢过程。

在呼图壁县政府的指导下，国网呼图壁县供电公司积极推动电能替代钢铁冶金行业，深入到冶铁、电石等高耗能行业进行普查，协助其中的高耗能企业梳理分析痛点，并积极引导企业全面转型升级，通过使用电熔炉放入废钢自动上料，经过多个步骤塑造成不同规格的钢种。

新疆新安特钢有限公司生产全电化改造项目共投资9亿元，用以拆除企业内全部高炉、转炉，就地升级为冶金电炉。污染物排放大幅降低，新增年替代电量1.13亿千瓦时。图6-1所示为运行中的新安特钢电炉。

图6-1　新安特钢电炉

**3. 项目效益分析**

经济效益：使用电熔炉炼钢，每年新增用电量1.13亿千瓦时。按现行电价0.346元/千瓦时计算，新增电费3909.8万元。制造每吨钢能耗仅为9.48吨标准煤，比改造前节省了40%左右，年节约能耗成本约为1100万元。此外，使用电熔炉炼钢后，每人每年炼钢产量可达1000~3000吨，比改造前提升了的25%以上。

项目环境效益：使用电熔炉炼钢，原料可选择成品废钢，与铁矿石炼制相比，废气减少80%，废水减少76%，废渣减少97%，有利于清洁生产和排废减量化。现阶段，电熔炉钢技术的吨钢二氧化碳排放量仅为0.5吨左右，比高炉—转炉炼钢减少了约77%。改造完成后，该公司每年减排二氧化碳170万吨、工业烟尘17万吨、废气4万吨，通过不断优化原燃料结构，大幅度实现节能降碳。

**4. 项目经验总结**

新疆新安特钢有限公司电熔炉电能替代项目的实施，带来的生产成本的节约主要来自连续装料和稳定的冶炼状态，这些因素决定了冶炼过程中需要消耗更少能量，并且能够更好、更有效地利用能量。这种电熔炉既减少了能耗，又降低了生产成本，在全疆起到了示范引领作用。

**5. 项目推广建议**

目前采用电熔炉工艺的熔炼车间可减少能源消耗，粉尘处理量和人力成本。噪声和烟尘的减少，特别是对有害烟气的合理控制使得炼钢车间的环境有了很大改善，在电能替代推广应用方面有广阔的前景。在推广应用中还需重点关注以下两点。

（1）电熔炉技术革新快，在保证安全高效可靠等要求的前提下，现已向自动化、智能化、高适应性等方面发展，因此选取合理的电熔炉设备也是需要注意的条件之一。

（2）由于此类项目一次性投资大、用电成本高。需要国家政策保障、地方政府支持、相关企业扶持。

## 案例2：乌苏市黑大石油高探一号井“油改电”项目

**1. 项目背景**

新疆作为全国石油资源最丰富的地区之一，石油钻采行业相对发达。根据统计数据，2021年新疆的石油年产量达到了2990.40万吨，全国排名前3。在石油钻采过程中，一般是利用石油钻机破碎岩石，向地下石油层钻进。一直以来，新疆地区的石油钻机大多是以柴油机作为动力源。这种动力方式的能源利用率不到50%，效率较低，而且排放的尾气中含有百种不同的化合物，会对环境和人的身体健康造成不良的影响。

随着电气化技术的发展，现在成熟的电钻机设备在能源利用率上可以达到80%多，排放方面为零，且噪声相对较小。因此在“双碳”背景下，国网新疆电力更加注重清洁能源发展和节能技术的应用推广，近几年也在大力开展石油钻采行业的钻机“油改电”项目。

**2. 项目基本情况**

黑大石油高探一号井原来的钻探机，采用内燃机作为动力源。进行电气化改造后，在动力设备方面采用的是四台10千伏、600伏高压电动机，替代了之前的内燃机；在供电保障方面，采用了一台4000千伏安的变压器，保障电动机的用电需求。整个项目的设备共投资560万元，其中变压器和钻探机由新疆黑大能源科技有限公司投资购买，配电设施由国网乌苏市供电公司投资建设。图6-2和图6-3是项目实施后局部照片。项目的改造主要针对动力装置及其供电系统，石油钻井平台基本保持原有的设备。

图6-2　电力驱动装置

图6-3　石油钻井平台

### 3. 项目效益分析

经济效益分析：根据工作负责人介绍，以往使用柴油机带动钻头每日消耗柴油约3.5吨，每吨柴油5500元，油井的钻探周期为90个工作日计算，一口油井的钻探需要花费173.25万元（平均每月57.75万元）。

高探一号井采用电动机带动钻头打井后，按照分时电价标准：峰段为0.652元/千瓦时（10:00－13:00，19:30－0:30），平段为0.413元/千瓦时（8:30－10:00，13:00－19:30），谷段为0.173元/千瓦时（0:30－8:30）。3个月的用电量共计222.74万千瓦时，共缴纳电费96.0万元（平均每月32万元），改用电动机后每月平均比柴油机省25.75万元。综合考虑在投资560万元设备费用的前提下，计算得21.75个月后可收回设备成本。

环境效益分析：根据统计数据，消耗1升柴油，二氧化碳排放2.63千克。因此在进行“油改电”项目后，高探一号井一个钻探周期（90天）可以减少因燃烧柴油而产生的二氧化碳量约为985.9吨。

**4. 技术优化建议**

电动钻机以其节能减排、降耗节支等优势，已逐渐受到油田勘探开发和工程技术服务队伍的青睐。但在钻机改造过程中，还存在着电动机接口与尺寸不兼容、电动机功率达不到要求。因此在后续的技术研究过程中可以针对石油钻采行业的需求，设计出功率、接口与尺寸标准跟钻井柴油机相同的电动机。

## 第二节　建筑领域典型案例分析

### 案例3：昌吉州阜康市第一中学空气源热泵技术电能替代项目

**1. 项目背景**

当前，新疆地区冬季取暖以燃煤为主，学校取暖除市政集中供暖外，还存在燃煤炉等低水平分散供暖情况，供暖设备简陋、建筑节能水平低、取暖效果不理想，且存在环境污染和安全隐患。开展“清洁取暖进校园”活动，有利于改善学校取暖条件，消除安全隐患，确保师生温暖过冬；有利于降低学校周围大气污染，推进生态文明建设，发挥典型示范引领；有利于倡导绿色生活理念，建设绿色校园，让清洁、环保、绿色节能理念植根于师生内心，意义重大。

**2. 项目基本情况**

昌吉回族自治州阜康市第一中学空气源热泵项目是由新疆艾普斯节能科技有限公司和国网昌吉供电公司联合投资，共计投资金额2200万元。项目实行后，主要设备是空气源热泵，共计安装72台功率为38千瓦的空气源热泵主机、20台功率为100千瓦的备用管道式加热器。国网昌吉供电公司对红线外的配网投资改造，项目投资金额980万元，新建2500千伏安变压器3台，新增10千伏阜艾线供电，原10千伏阜原线备供。图6-4是项目实施现场。

图6-4　项目实施现场

**3. 项目效益分析**

经济效益分析：项目实施后，一个采暖季实际结算电费运行成本约为4.9元/平方米；与当地集中供暖费22元/平方米相比，每平方米节约1.71元，年节约成本179.5万元。扣除人工和维护成本，每年回收投资成本约155万元，预计15年回收成本。

社会效益分析：热泵技术项目的完成，大大地改善了学校取暖条件，消除安全隐患的同时降低学校周围大气污染，年减少二氧化碳排放4835.45吨，年减少二氧化硫排放145.50吨，年减少氮氧化物排放72.75吨。有利于倡导绿色生活理念，建设绿色校园，让清洁、环保、绿色、节能理念真正的落实于行。

此次改造实现了学校清洁能源全覆盖，发挥了典型示范引领，促进了在昌吉回族自治州全面大力推广学校电采暖能源托管，助力建设绿色生态环保型校园。

**4. 项目实施总结**

本次项目利用了热泵技术，在节能减耗、精准温控的基础上，最大限度减少了人工投入，同时具备冬季采暖和夏季制冷的功能，又能最大限度减少耗电量。

但此项目仍需从以下几点进行完善。一是协同配合，由客户经理寻找有电能替代潜力的客户，电能替代客户经理深度服务，最终与客户方达成合作意愿。二是精简资料，开辟绿色通道。在受理用户需求后，供电部门实现从业扩报装到送电全过程“一站式”服务，对相关电网配套设施进行改造升级，为积极推广电采暖项目提供强有力的技术支撑。三是主动对接，争取优惠政策。供电公司各部门积极主动与政府沟通，为他们介绍该技术初始投资、运行成本等方面的优势，为用户提供一定政策上的优惠。

热泵技术项目在阜康市第一中学的成功推广，让我们看到了热泵技术项目在节能和绿色环保方面的巨大前景，该项目在能满足供电负荷的前提下，可供暖、制冷等，实现多维度应用，并且可根据室内温度需求智能调节，能满足大面积供暖且节能的需要，适用于学校、办公场所，生活区等诸多场景。

## 案例4：伊犁特克斯县苹果小区空气源热泵典型案例

**1. 项目背景**

我国是能源消费大国，建筑运行能耗约占全国总用能的21.7%，居耗能首位，能源与环境问题日渐突出[36]。清洁取暖是指清洁能源通过高效用能系统实现低排放、低能耗的取暖方式。电作为一种能源方式运用于电采暖也是一种清洁取暖方式，不仅可以减轻大气污染，还能够大幅度提高居民的生活质量。特克斯县冬季取暖以燃煤为主。因供暖管道架设等问题，县城内还存在燃煤炉等低水平分散供暖情况，乡镇供暖多为燃煤取暖。燃煤供暖多为用户自行架设的土锅炉，燃煤加热水循环，供暖设备简陋、建筑节能水平低，取暖效果不理想，且存在环境污染和安全隐患。开展“清洁能源供暖”活动有利于改善居民取暖条件，消除安全隐患，降低县内燃煤消耗，响应政府绿化特克斯政策，助力实现新疆“碳达峰、碳中和”目标和打赢蓝天保卫战。

**2. 项目基本情况**

特克斯县乔拉克铁热克镇苹果小区，采暖面积14800平方米，因离特克斯县县城较远，无法接入集中式供暖，故在小区内建设燃煤锅炉房一座，为小区冬季取暖供热。一个采暖季需用煤888吨，煤炭费约为31.08万元，取暖费用高，且燃煤污染较大。万家暖通有限责任公司对苹果小区电采暖进行改造，采购12台额定功率25千瓦的空气能热水机为供热源，另自主开发辅助太阳能供暖系统与辅助太阳能采暖系统以控制供热温度。供暖方式为：白天以空气能热水机为主，空气能热水机吸收外界温度加热水，通过水泵带动热水循环，为室内加温。其架设于小区屋顶的辅助太阳能系统外观如图6-5所示。

图6-5 屋顶辅助太阳能系统外观

**3. 项目效益分析**

经济效益分析：项目实施后，一个采暖季实际结算电费近4.86万元，实施前煤炭费约为31.08万元，扣除人工和维护成本，每年盈利约17.5万元，预计20年回收成本。

环境效益分析：绿色环保，装置运行无污染、零排放，对政府建设绿化特克斯政策提供建设标杆。

社会效益分析：项目完成后，降低了小区居民采暖费用投资，消除了安全隐患，降低了环境污染，发挥了典型示范引领作用，有利于在全县进行小区节能供暖改造工作。

**4. 项目经验总结**

（1）协调政府，出台扶持政策，对接有意向投资企业，积极招商引资，开展项目出资建设，项目进展快，成效稳，减少了居民的财产投入，得到小区用户的鼎力支持。

（2）精简业务办理资料，现场勘查综合考虑后，采用低压接入方式，现场通过两户三相互感器表计进行供电，降低了电力投资成本，减少了办电时限，为推广电采暖项目提供技术支撑。

（3）主动对接，争取优惠政策。为推广绿色电能，响应政府政策要求，将电采暖技术广泛应用于居民生活中，供电公司多次主动与政府相关部门对接，向政府职能部门主动汇报该技术初始投资、运行成本等方面的优势，为用户提供一定政策上的优惠。

**5. 推广建议**

该项目充分利用小区的楼层高采光好、供暖管道齐全、改造量小、小区内空闲场地多利于空气能安装规划等优点，建设多能互补的供暖模式，投资金额小，建设量少，项目开展迅捷，供暖效益高，可作为小区综合绿色取暖改造的典范。

## 第三节　交通领域典型案例分析

### 案例5：阜康市博格达公交有限责任公司充电桩电能替代项目

**1. 项目背景**

为了落实国家新能源汽车发展战略，坚持创新、协调、绿色、开放、共享的发展理念，积极推进阜康市绿色公交体系建设，深入贯彻党的十九大会议和习近平总书记重要讲话精神，阜康市市领导和交通运输局主要领导成立关于推进绿色交通体系工作领导小组，积极推进绿色交通体系建设，引入新能源公交车。

传统汽车以天然气做原料，能耗成本高，无法避免充气时间长、气瓶装载效率低、续航里程短，只适合短途运输等缺点。对比传统公交车，新能源电动汽车具有清洁、高效、绿色、续航时间久、噪声低、能耗小的优点，可减少企业一次性投资，有效减少天然气燃烧，降低生产成本，提高公交车运行的安全性，同时推动电能替代工作发展，推进社会节能减排。

**2. 项目基本情况**

国网昌吉供电公司借助政府打赢蓝天保卫战行动计划的契机，积极与阜康市博格达公交有限责任公司进行对接，将以天然气为燃料驱动更改为电力驱动。项目使用双充直流充电桩技术，实现对电动车充电智能化、自动化的管理。

该项目从2018年开始实施，截至2021年，阜康市博格达公交有限责任公司拥有8米纯电动新能源公交车12辆，5米纯电动新能源公交车17辆。

整个项目共投资1700万元。该项目由国网阜康市供电公司出具详细供电方案，采用10千伏线路及配电装置和1台800千伏安箱式变电站，用电能替代原来用的天然气燃料。阜康市博格达公交有限责任公司投资建设变压器、供电线路等配套设施。图6-6、图6-7是改造后的充电桩及充电场景。

图6-6　充电桩

图6-7　电动公交车充电

### 3. 项目效益分析

经济效益分析：项目实施前，使用天然气做燃料驱动，只能使用液化天然气（LNG）作为动力源，天然气维护费用较高且安全系数不高，易爆炸。该公交公司年用天然气量150万立方米，改造后使用电驱动，合计节省成本约30万元。每年新增替代电量60万千瓦时，按现行电价0.378元/千瓦时，新增电费25万元。但减少损耗及人员维护成本10万，省去了天然气改造费用和设备维护保养费，有利于清洁生产和废气排放。

环境效益分析：改造完成后，该公司每月减少柴油消耗量74.024吨标准原油，每天节省柴油10吨；每年减排二氧化碳150吨、二氧化硫12吨、氮氧化物15吨。

社会效益分析：首先，虽然新能源电动公交车、充电桩的整体投资较大，但一次投资多年受益，节省成本大幅度提高，提高能耗效率。其次，降低能耗及人工成本，实现了清洁生产。最后，充电桩使用过程中不会对环境及物料造成污染，天然气为易燃物，保存和输出过程中容易出现风险，存在安全隐患，改造后解决了长期燃气带来的安全隐患等难题。

**4. 推广建议**

采用充电桩的公交车站可节省损耗以及人力成本，减少废气和烟尘排放，噪声也减少了，对燃油、燃气合理控制使得公交车出行的安全性有了很大改善，项目经济和社会效益良好，在电能替代推广应用方面有广阔的前景。

## 第四节　农业领域典型案例分析

### 案例6：新疆准噶尔棉麻有限公司电锅炉替代项目

**1. 项目背景**

随着经济社会的不断发展，我国在能源安全、环境污染、气候变化等方面面临着诸多挑战，加快能源变革，大规模开发应用清洁能源，提高能源效率，改善生态环境、实施清洁发展的任务刻不容缓。新疆生产建设兵团第六师新湖农场积极响应自治区关于“电气化新疆”工作方案，携手新疆准噶尔棉麻有限公司积极影响政府号召，改变传统燃煤锅炉方式，实施电能替代，进行节能减排，推动了新疆准噶尔棉麻有限公司电能替代项目最终落地实施。

**2. 项目实施情况**

在新湖农场政府的指导下，国网新湖农场供电公司积极推动棉花加工行业电能替代，通过开展对高耗能行业用能信息普查，协助企业梳理生产用能痛点，挖掘新疆准噶尔棉麻有限公司生产烘干环节电化改造项目。积极引导企业加工工艺升级，投资0.2亿元拆除企业内全部燃煤锅炉，就地改造升级为电加热锅炉（见图6-8），污染物排放大幅降低，新增年替代电量0.15亿千瓦时。

图6-8　新疆准噶尔棉麻有限公司电锅炉

### 3. 效益分析

经济效益：项目实施前，使用传统燃煤锅炉，只能使用燃煤作为动力源，锅炉需安排3～4人使用维护，年用煤量3000吨，生产周期5个月，合计能耗成本约138万元。项目实施后，使用电锅炉烘干，新增每年替代电量0.15亿千瓦时。按现行电价0.224元/千瓦时计算，新增电费210万元。但减少人员维护成本24万，缩减加工周期2个月，省去了造成污染的烘干环节，有利于清洁生产和排废减量化。加工每吨皮棉能耗为4万元，年能耗成本基本和改造前持平。

环境效益：改造完成后，该公司每年减少煤炭消耗量3000吨标准煤，减排二氧化碳1495吨、二氧化硫45吨、氮氧化物22.5吨。

### 4. 项目总结

新疆准噶尔棉麻有限公司电锅炉替代项目的实施，带来的生产成本的节约主要来自人工运维及燃煤的减少，这些因素决定了扎花过程中需要消耗更少能量，并且能够更好、更有效地利用能量。这种电锅炉一方面节约能源，另一方面降低了人力成本，在全疆起到了示范引领作用。

采用电锅炉工艺的扎花车间可节省各种消耗和人力成本，而废气、烟尘排放和噪声的减少，特别是对有明火的合理控制使得扎花车间的安全性有了很大改善，在电能替代推广应用方面有广阔的前景。

## 案例7：鹰嘴豆电烘干电能替代项目

**1. 项目背景**

随着农业现代化概念的提出，绿色农业成为现代社会较为关注的问题。国网塔城供电公司结合地域特点，大力实施乡村振兴电气化提升行动，积极推进农业现代化建设，助力新疆地区“双碳”目标实现。围绕“以电代煤，以电代油，电从远方来”的理念，扎实开展农业领域电能替代，不断优化服务，细化措施，持续深化电能替代工作。通过引入农产品电烘干技术，有利于提升农产品品质，减少燃煤污染，促进新能源消纳，持续提高各族人民的满意度和获得感。

**2. 项目实施情况**

托里天山小哥农业科技有限公司成立于2019年6月，位于天然无污染的巴尔鲁克山脉环绕的托里县。该公司鹰嘴豆及相关农产品加工项目于2019年4月启动，当年收购鹰嘴豆1180吨，工厂于同年10月份投产，项目总投资1800万元，引进当时国际食品加工领域最先进的洁净热风压力熟化技术结合低温粉碎的工艺进行生产。厂房占地面积350平方米，项目安装了1台功率为360千瓦的新型洁净热风压力熟化机，1台功率为70千瓦的微波加热烘干机（见图6-9），1台功率为20千瓦的低温粉碎机，以及4台

图6-9　微波加热烘干机

功率为2千瓦的食品包装机，预计24小时内可烘干鹰嘴豆18吨。

**3. 效益分析**

经济效益：按照每天8个小时，250个工作日计算，每年替代电量约91.6万千瓦时。按照现行农业生产电价0.312元/（千瓦·时）计算，每年实际结算电费运行成本为28.58万元。经核算，使用电烘干每年可节约运行费用约27.79万元。

环境效益：随着生活质量的提高，人们对环境保护的意识越来越强，不可再生能源储量的日益枯竭，随之而来的是不可再生能源的价格将会越来越高，传统高耗能、高污染烘干设备会逐渐被淘汰。该项目实施后，每年可减排二氧化碳453.96吨、二氧化硫14.84吨、氮氧化物12.92吨。

社会效益：该项目的实施大大提高了农产品产量和工作效率。电烘干使农产品着色更加均匀，品质提升明显，从而提高了农产品的市场价格，有效地增加了种植户的收入，为推动现代农业发展具有积极的示范作用。

**4. 项目实施总结**

随着农业产品电烘干的推广应用，有效提高了农产品烘干的品质，同时增加了农户的收益。该项目的实施将改变传统的农产品的加工模式，可以根据不同农产品类型，设置烘干设备参数，实现自动化控制，积极引导广大农业领域能源消费模式的转变。

**5. 项目推广建议**

新型电烘干机具备安全、环保、节能等多种优势，可广泛适用于烟草、茶叶、药材、干果食品、水产品、海产品、肉制品、木材、粮食，以及化工物料、工业产品等的烘干脱水处理。随着农业现代化进程加快和农产品加工工业的发展，未来农产品烘干机发展潜力巨大，中大型农产品烘干机是未来农产品烘干的主要方向，它不仅烘干产量大、烘干工艺好、生产能力大、环保节能，而且烘干作业成本低，具有很高的推广价值。

# 第五节　居民生活领域典型案例分析

## 案例8：昌吉回民小吃街全电建设项目

### 1. 项目背景

昌吉回民小吃街建于2006年6月，是一个集餐饮、旅游、文化为一体的旅游区，位于昌吉市北城区，人民公园的东北角，占地面积25.3亩，总规划面积17000平方米，建筑面积12000平方米，项目总投资5500万元。现入住的商户共有60家，其中餐饮商户43家，主要经营的是回民小吃，民间公认的特色小吃，经营品种达到54种。

近年来，餐饮业厨房的安全问题引起社会各界的广泛关注，加强餐饮制作的安全管理成为涉及商业综合体安全管理的首要工作。昌吉回族小吃街人员密集，一旦发生火灾、爆炸等事故，后果不堪设想。为提升厨房安全环境、规范小吃街管理，保障美食街用电需求，国网昌吉供电公司主动上门了解客户用电需求并宣传电炊具安全性与节能功效，通过电能替代的方式在有效降低餐饮行业成本支出的同时，提升用能的可靠性、安全性，减少有害气体的排放。经过综合考虑，确定在该处建立绿色环保的全电化示范街。

### 2. 项目实施情况

昌吉回民小吃街有烤包子、炸糕、馓子、拉条子等43家店铺。每家商铺都有自己的特色美食，考虑到美食街防火防灾需要，新疆经济发展投资有限公司确定对整个街区实施全电用能，推广使用电烤箱、电炸锅、电磁炉、电蒸炉、电饼铛等炊具。截至2019年年底，小吃街针对糕点店、羊肉汤店等燃气使用量较大的店铺作为试点商铺，推广使用全电厨具，改造餐饮商家15户，安装电烤箱12台、电炸锅9台、电烤炉5台。由于制作工艺要求不同，每家店铺对电力的需求也有一定的差别，每家商户全电改造的程度也有所区别。除此之外，小吃街内部还装设9台太阳能广告箱以及4台电采暖，整个小吃街的电能使用量达到85%以上。部分炊具、电采暖设备如图6-10、图6-11所示。

图6-10　无烟商用电烤炉

图6-11　电采暖设备

### 3. 项目效益

经济效益：昌吉回民小吃街内部餐饮企业众多，过去大多采用燃油或天然气加热，按照2020年昌吉市天然气单价1.34元/立方米、暖气费单价22元/平方米计算，2020年完成电气改造升级后，昌吉回民小吃街预计年节省能源成本约20万元。用了全电气化的厨房之后，传统厨房的脏、乱、油烟、高温全部得到治理，小吃街环境有了很大的改善，全电厨房设备采用数控技术，精准细分多档火力，使得菜品质量稳定有保证，全电小吃街打造的卫生、敞亮的就餐环境以及干净美味的食品，吸引了大量的顾客。

社会效益：昌吉回民小吃街试点改造完成后，成为昌吉餐饮潮流的“风向标”，用案例展示改造实效。国网昌吉供电公司以小吃街作为典型案例，带动其他商户实施餐饮电气化改造，继续向社会普及电气化餐饮的优点，大力推广餐饮全电化项目，在全市范围内为打造全电餐饮示范街区、全电商业综合体进行专业指导，进一步助力昌吉绿色低碳发展，打造更加清洁、绿色、安全的餐饮商业环境。

**4. 项目经验总结**

厨房污染不可小觑，却长期被人忽视，全电厨房中的设备全部使用电能，无论是原材料、火候、刀工、调料，还是时间、火力、温度、湿度、压力等，均可进行人性化调节，让绿色厨房真正做到绿色。全电厨房是指厨房内所有设备放弃传统化石能源，改用电能作为唯一使用能源，并有能力满足所有烹饪方式和生产需求的厨房。一台商用中餐燃气灶的碳排放量相当于6辆小汽车，2019年国内所有厨房的年碳排放总量达15亿吨，是所有私人小汽车的3.4倍，因此，厨房的碳减排革命任务重之又重[37]。使用全电厨房，单个厨房可减少碳排放30%～50%，能耗能节省68%～77%，降低能源成本达22%～44%。

## 案例9：阜康市域内农村电采暖工程建设项目

**1. 项目背景**

冬季以燃煤作为供暖热源的方式，是城镇产生雾霾污染的重要成因，城镇化进程中，现有城市集中热源的供热能力无法满足新型城镇化的供暖市场需求，如果建设直接燃煤的集中热源将进一步加剧城镇冬季雾霾污染，并受到能源条件限制，不符合节能与环保的政策，为落实中央生态环境保护督察反馈整改问题，积极推进阜康市绿色低碳体系建设，坚持创新、协调、绿色、开放、共享的发展理念，发挥政府引导、市场主导、企业主体的作用，积极推进阜康市绿色低碳体系建设。

**2. 项目实施情况**

2021年阜康市九运街镇牧业村安装315千伏安变压器1台，630千伏安变压器1台，高压线3千米，低压线7千米及配套设施（见图6－12），实现全村电供热全覆盖。整个项目共投资2300万元。国网阜康市供电公司与阜康市扶贫开发移民服务中心进行对接，供电公司出具详细供电方案，阜康市扶贫开发移民服务中心投资建设变压器、供电线路等配套设备。

图6-12　电供热配套设施

### 3. 效益分析

环境效益：改造完成后，该村每年减少煤炭消耗量240吨，减排二氧化碳2000吨、二氧化硫300吨，氮氧化物30吨，大幅度实现节能减排。

社会效益：在提质增效方面，虽然电锅炉箱式变电站及配电网线路的整体投资较大，但一次投资多年受益，成本大幅度减少，能耗效率提高。在生活品质提升方面，电锅炉操作简便，能源利用效率高，可有效节省劳动力，降低能耗及人工成本，解决了长期燃煤带来的安全隐患等难题，实现了清洁生产。在安全方面，电锅炉在使用过程中不会对环境及物料造成污染，煤炭为易燃物质，使用过程中容易出现风险，且传统锅炉设备维护费用较高，煤炭、柴薪等保存均存在安全隐患，人身与环境安全问题需要保障。

### 4. 经验总结

阜康市扶贫开发移民服务中心域内农村清洁能源电能替代项目的实施，环保减排效应显著。大力实施电能替代，减少煤炭能源消耗，并且能够更好、更有效地利用能源。既符合新时代的节能环保的理念，又满足经济发展对能源需求，这种电锅炉一方面节约煤炭不可再生能源，一方面降低了生产操作成本以及清洁零排放，在全疆起到了示范引领作用。

# 第六节 全景区电气化典型案例分析

## 案例10：额敏县也迷离滑雪场电锅炉供暖项目典型案例[38]

**1. 项目背景**

为深入贯彻自治区党委、政府关于加快推进电气化新疆工作的决策部署，落实“打赢蓝天保卫战”及“双碳”行动方案，积极倡导能源消费新模式，以清洁能源供暖试点为突破，优先在地区集中供热管网未覆盖区域的新建建筑或燃煤小锅炉供热建筑，试点推广电采暖，逐步实现供暖领域的“以电代煤”。

**2. 项目实施情况**

额敏县也迷离滑雪场为3A级景区，电锅炉项目采用液体蓄热电锅炉供暖设备作为集中供暖热源。主体锅炉采用5台功率为90千瓦的油电蓄能供热锅炉、4台功率为11千瓦的水泵；现阶段采暖面积5100平方米，终期采暖面积1.1万平方米。额敏县也迷离滑雪场室内场景如图6-13所示。

图6-13 也迷离滑雪场室内图

**3. 效益分析**

经济效益：项目采用的是液体电储热设备（油电式），主要利用低谷电进行蓄热供暖，报装容量1000千伏安，一个采暖季节约了11.4345万元，降低了运营成本，提高了企业的经济效益。

项目采用的液体电储热设备具有较高的自动控制性能，可以根据不同的供暖需求任意设定，实现无人值守，同时厂商可远程控制设备运行情况，一旦发现问题即可远程操作解决，运维人员得到精简，减少了人力成本。

环境效益：项目采用电供暖后，每年可减排二氧化碳1076.76吨、二氧化硫32.4吨、氮氧化物16.2吨。

社会效益：电锅炉供暖具有安全环保、省时省力的优点。可实时根据外界气候冷暖、室内人流量等，进行精确的温度控制，自动化程度高、调节速度快、操作方便。冬季不会发生燃煤、燃气、燃油锅炉那样的煤气中毒、爆炸等危险，安全得到有效保障。采用水电分离的间接加热方式，以相变发热油为绝缘介质，系统内置漏电保护器，机壳采用防锈顶级绝缘保护伞，形成一道安全连锁防电墙，所以安全性能高。同时，电锅炉供暖项目的实施营造出社会化参与清洁能源转型氛围，助力地方经济绿色生态文明、低碳节能发展。

**4. 经验总结**

与传统景区相比，也迷离滑雪场实现电能在终端能源的深度覆盖。全电景区的建设，不仅为景区节省能耗成本，还能提升游客的观光体验，让他们在游览的过程中更加舒心。

**5. 推广建议**

蓄热式电锅炉适用于办公写字楼、宾馆、商场、医院等大型公共建筑领域供暖。其中液体蓄热电锅炉可适用于旅游景区等面积较大、成本资金少的项目。

# 附录1　电能替代典型技术

## 一、电窑炉

电窑炉是利用电能转化的热量，将物料或工件加热的热工设备。按电能转变热能的方式不同，一般将电窑炉分为电阻炉、感应炉、电弧炉、电子炉、等离子炉和微波炉六大类。与传统的窑炉相比，电窑炉不需要通风设备，结构简单，占地面积小，加热空间紧凑，空间热强度较高，热效率高，窑内制品不受烟气及灰渣等影响，温度可准确控制。该技术可以应用在陶瓷、水泥和玻璃行业中，为工件提供精准的热量。

## 二、冶金电炉

冶金电炉主要是以废钢为主要原料进行炼钢的。把废钢、石灰等加入炉内，通电时，在电极与废钢之间产生电弧而加热炉料，冶金备件进行一系列的冶金化学反应，把废钢炼成钢。冶金电炉主要有直流电弧炉、交流电弧炉和感应炉等。和一般火法冶金相比，电热冶金具有加热速度快，调温准确，温度高，可以在各种气氛、各种压力或真空中作业，以及金属烧损较少等优点，成为冶炼普通钢，铁合金，镍、铜、锌、锡等重有色金属，钨、钼、钽、铌、钛、锆等稀有高熔点金属以及某些其他稀有金属、半导体材料等的一种主要方法。但电热冶金消耗电能较多，只有在电源充足的条件下才能发挥优势。该技术可以应用在普通炼钢、有色金属和稀有金属冶金行业中。

## 三、工业电锅炉

工业电锅炉，顾名思义，是以电力为能源，并将其转化为热能，经过锅炉向外输出具有一定热能的蒸汽、高温水或有机热载体。电锅炉本体主要由电锅炉钢制壳体、电脑控制系统、低压电气系统、电加热管、进出水管及检测仪表等组成。电锅炉的加热方式有电磁感应加热方式和电阻（电加热管）加热方式两种。该技术可以应用在化工、纺织、食品、医药等传统工业。

## 四、燃煤自备电厂替代

简单来说，燃煤自备电厂就是企业为了满足本单位生产用电而投资建设的发电厂。这种发电厂一般不向电网送电，不属于电网调度范围，主要集中在钢铁、电解铝、石油化工、水泥等高耗能行业。但随着我国能源生产、消费向绿色低碳转型，这种高污染的自备发电厂同样面临绿色改造问题。因此，国家和地方鼓励风电、光伏和水电等更加清洁的发电方式替代燃煤自备电厂发电。

## 五、辅助电动力

常见的辅助电动力有电动鼓风机、电动挖掘机、电动空压机等。其中电动鼓风机适用于各种通风、换气或排气的场合；电动挖掘机适用于煤矿开采行业；电动空压机可以作为驱动动力，应用于控制仪表与自动化装置中。辅助电动力技术适用于各种工业企业中。

## 六、农业电排灌

农业电排灌是以电力作为驱动能源，利用电动机带动水泵进行抽水排涝、引水灌溉等农业用水资源的调配，是农业生产、抗旱、排涝的重要设备。与传统的燃油排灌设备相比，电排灌设备具有低功耗、无污染、效率高等优点，可以在农田排灌、喷灌、园林喷浇灌、水塔送水、排涝等领域中应用推广。

## 七、电烘（烤）干

电烘（烤）干设备是基于热风干燥技术、真空冷冻干燥技术、辐射干燥技术或热泵干燥技术研制出来的用于农副产品干燥的电气化设备。与传统的燃油、燃煤烘干设备相比，电烘（烤）干设备具有节能、环保、安全性高等优点，适用于食品加工、茶叶烘干、烟叶烘干、蔬菜脱水、鱼类干燥等领域中。

## 八、分散电采暖

分散电采暖技术是以电力为能源，热源在户内并能灵活进行控制的采暖技术。按工作原理，可以将分散电采暖技术分为电热膜技术、发热电缆技术、碳晶板技术和蓄能式电暖气技术。与传统的烧煤取暖方式相比，分散电采暖发热效率高、节能减排，已逐步成为家居采暖的领航者。该技术可以应用在住宅小区、宾馆、写字楼、医院、学校、别墅、老年公寓、幼儿园、图书馆、商场等场合，解决局部区域采暖的问题。

## 九、热泵

热泵是一种充分利用低品位热能的高效节能装置。其工作原理就是以逆循环方式迫使热量从低温物体流向高温物体的机械装置，它仅消耗少量的逆循环净功，就可以得到较大的供热量，可以有效地把难以应用的低品位热能利用起来达到节能目的。根据热源的不同，热泵可以分为水源热泵、空气源热泵和地热源热泵三类。与传统的空调、热水器相比，热泵属于可再生能源利用技术，能同时实现制热和制冷，且具有节能省电的特点。该技术可以应用在住宅小区、酒店、公寓、写字楼等场合，为其提供暖气、冷气和生活热水。

## 十、电动汽车

电动汽车与普通燃油汽车主要区别是动力源的改变。纯电动汽车，主要采用蓄电池取代传统的发动机，通过电动机与控制器，将电能转化为驱动动能。混合动力电动汽车，主要将现有内燃机与一定容量的储能器件通过先进控制系统相结合，提供车辆行驶的动力。

## 十一、厨炊洗浴电气化

厨炊洗浴电气化主要指以电作为能源的各类电器替代以天然气和煤气作为能源的家用设备。常见的厨炊洗浴电气化设备主要有电饭煲、电蒸锅、电炒锅、微波炉、电热饮水机、电热水壶，电磁炉、电压力锅、电热水器等。该技术可以在新疆地区的政府机关、医院、学校、餐饮、居民家庭等场景中进行推广，改善生活环境、提高电气化水平。

# 附录2 电能替代典型商业模式

## 一、自主全资模式

自主全资模式下，电能替代项目实施过程中，除政府补贴外，其余部分均由实施电能替代的用户承担，包括项目的前期分析、方案设计、设备购买与安装调试等。由于资金投入全部来自企业，所以电能替代项目带来的收益全部归企业所有。这种模式下，也可以与节能服务公司或设备供应商签订合同，将电能替代项目全权交予专业的公司运营。

该模式充分体现了谁投资谁受益的优势特点，但有可能会因为流动资金短缺而引发资金风险。

## 二、建设–经营–转让（BOT）模式

该模式主要通过招标，与项目中标人签订BOT合同，将电能替代项目委托给项目中标人在特许期限内进行建设与经营。特许期结束，项目中标人按照合同将资产交付给项目发起人。

该模式的优势：可以利用民营企业投资减少政府财政负担；可有效整合投资方、服务商、政府各方资源，提高项目运作效率和实施效果。

该模式的风险：项目生命周期较长，期间供需关系变化或能源价格波动导致的市场风险；政策调整导致的技术风险；汇率、利率波动等引起金融风险等。

## 三、公私合营模式

公私合营模式适用于涉及公共基础设施的电能替代项目：项目发起人通过招投标

选定资本投资人，尤其是对于资金需求量大的项目，可以重点考虑发挥银行贷款及政策性银行的支持性作用，吸引银行资本与社会资本共同参与；由项目发起人与投资人签署合资协议，组建合资公司，并由该公司进行项目的建设与运营。项目发起人对建设和经营全过程进行监管。

该模式的优势：促进投资主体多元化；有效整合政府部门和非政府部门的资源，以较低成本为公众提供优质的电能替代服务；项目各参与方形成战略利益联盟，便于协调各自利益目标。

该模式的风险：各方资本的信用风险；政策调整或重要人员人事变动引发的风险；法制和监管体系不健全导致的风险；金融财政政策调整引发的财务风险。

## 四、设备租赁模式

设备租赁是承租人从制造商或卖主那里自行选定设备并与对方订立较长期限的租赁合同。设备租赁行为中，一般规定，在一定时间内（至少为一年），以出租人在法律上拥有出租设备所有权为前提，收取租金为代价，将该项设备的使用权出租给承租人；承租人则对租用设备在经济上拥有使用权，即在规定的时间内（通常称之为租期）它有权占有，并正常使用该项租赁设备，但必须按期支付租金。设备租赁是以商品资本形式表现的借贷资本的运动形式，兼有商品信贷和资金信贷的两重性。

该模式相较于自购设备，具有四方面的明显优势：①能够有效减少固定资产的一次性投入，降低设备使用成本和项目建设成本；②设备租赁能够避免设备闲置，同时也能有效解决自有设备型号不齐全等问题，提高设备利用率；③通过租赁模式能够较快应用新设备，规避因技术落后带来的风险，从而提高建筑施工的效率、质量和安全性；④享受更专业的配套服务。

但该模式也存在信用风险、设备风险、索回操作风险和金融风险。其中信用风险包括由承租企业的法人治理结构、信用程度、对项目的管理水平、对项目未来获利预期的准确率、企业知名度与行业口碑、租金安全率等原因造成不能按合同要求定期支付租金的风险。设备风险是指设备质量缺陷、运输损伤、使用期限内的维护与保养、因人员技能或偶然的不可抗的因素导致设备损耗的风险。索回操作风险是由于机械设备的流动性导致的监控困难而造成出租方或厂商难以实行索回权的风险。金融风险是由于利率和汇率变化，造成资金价值损失。出租方利率风险表现在因利率敏感性缺口风险、利率变化获得的机会成本风险、利率变化带来的结构性风险。

## 五、合同能源管理模式

合同能源管理模式的实质是一种以减少的能源费用来支付节能项目全部成本的节能投资方式。这种节能投资方式允许用户使用未来的节能收益为用能单位和能耗设备升级，以及降低目前的运行成本。节能服务合同在实施节能项目的企业（用户）与专门的盈利性能源管理公司之间签订，它有助于推动节能项目的开展。

合同能源管理不是推销产品或技术，而是推销一种减少能源成本的财务管理方法。能源管理公司的经营机制是一种节能投资服务管理；客户见到节能效益后，能源管理公司才与客户一起共同分享节能成果，取得双赢的效果。

该模式的优势：①风险较低，客户在项目实施过程中无需承担技术、资金层面的风险，使其在实施过程中能够有效降低相应用能成本，在降低成本管理难度的同时，综合提升自身实际收益。②有效提升节能率，在合同能源管理项目驱动下，用能单位与节能服务公司节能积极性有效提升，其节能率也随之提升。③可优化资金配置，基于合同能源管理项目，可针对资金利用进行优化配置，进而提升资金有效利用率，为相关企业单位合理规划资金配置利用环节创造有利条件。

该模式的不足之处在于，项目是否成功与改造方案的确定和节能技术与配套设备的选型直接相关，也与原始运行状况和耗能情况关系密切。能效公司需要在客户的坦诚帮助下，弄清原始运行和耗能情况，并在专家的指导下选好改造方案和所有技术与配套设备。这是防范技术风险的有效措施，也是项目成功的基础。

## 六、工程总承包模式

工程总承包模式，又称设计、采购、施工一体化模式。是指在项目决策阶段以后，从设计开始，经招标，委托一家工程公司对设计、采购、建造进行总承包。在这种模式下，按照承包合同规定的总价或可调总价方式，由工程公司负责对工程项目的进度、费用、质量、安全进行管理和控制，并按合同约定完成工程。

该模式的优势：①总承包商更能发挥主观能动性，能运用其先进的管理经验为业主和承包商自身创造更多的效益；②提高了工作效率，减少了协调工作量；③设计变更少，工期较短；④由于采用的是总价合同，基本上不用再支付索赔及追加项目费用，项目的最终价格和要求的工期具有更大程度的确定性。

该模式存在的问题：①业主不能对工程进行全程控制；②总承包商对整个项目的成本工期和质量负责，加大了总承包商的风险，总承包商为了降低风险获得更多的利润，可能通过调整设计方案来降低成本，可能会影响长远意义上的质量；③由于采用的是总价合同，总承包商获得业主变更令及追加费用的弹性很小。

# 附录3 2022年电能替代技术经济性汇总表

| 领域 | 替代技术 | 临界电价（元/千瓦时） | 平均目录电价（元/千瓦时） | 其他说明 |
|---|---|---|---|---|
| 居民采暖（制冷）领域 | 污水源热泵 | 1.09 | 0.448 | 在同等条件下，与燃气锅炉供热对比，污水源热泵成本优势明显 |
| | 水源热泵 | 1.13 | 0.448 | 在同等条件下，与燃气锅炉供热对比，水源热泵成本优势明显 |
| | 土壤源热泵 | 0.8 | 0.448 | 与其他热泵方式相比，土壤源热泵初始投资最高，在同等供热、制冷条件下，与燃气锅炉供热对比，尚有成本优势 |
| | 空气源热泵 | 0.86 | 0.448 | 与其他热泵方式相比，空气源热泵初始投资最低，但能效比较低，在同等供热、制冷条件下，与燃气锅炉供热对比也有成本优势 |
| | 蓄热式电锅炉 | 0.23～0.56 | 0.448 | 替代设备在全低谷电价应用时，具有经济性 |
| | 电蓄冷空调 | 0.43 | 0.448 | 替代设备在全低谷电价应用时，具有经济性 |
| | 碳晶 | 0.38 | 0.448 | 被替代对象使用天然气（新疆平均价格1.56元/立方米）作为燃料，且替代时的单位成本和总量成本都较高，替代措施不具备经济性 |
| | 发热电缆 | 0.31 | 0.448 | 被替代对象使用天然气（新疆平均价格1.56元/立方米）作为燃料，且替代时的单位成本和总量成本都较高，替代措施不具备经济性 |
| | 电热膜 | 0.31 | 0.448 | 被替代对象使用天然气成本较低 |
| 工农业生产领域 | 农业电排灌 | 1.98 | 0.26 | 被替代对象使用柴油成本较高 |
| | 电制茶 | 0.91 | 0.26 | 与液化气制茶相比，具备经济性 |

续表

| 领域 | 替代技术 | 临界电价（元/千瓦时） | 平均目录电价（元/千瓦时） | 其他说明 |
| --- | --- | --- | --- | --- |
| 工农业生产领域 | 电烤烟 | 0.7 | 0.26 | 与无烟煤烤烟相比，具备经济性 |
| | 直热式电锅炉 | 0.29 | 0.54 | 与燃气锅炉相比，经济性较差 |
| | 电热隧道窑 | 0.58 | 0.54 | 设备经济性一般 |
| | 石油钻机“油改电” | 1.45 | 0.54 | 被替代对象使用柴油成本较高 |
| | 工业电锅炉 | 0.32 | 0.54 | 被替代对象使用天然气成本较低 |
| 交通领域 | 大型船舶岸电 | 0.59 | 0.54 | 被替代对象使用重油成本较低 |
| | 小型船舶岸电 | 1.03 | 0.54 | 被替代对象使用柴油成本较高 |
| | 龙门吊“油改电” | 1.08 | 0.54 | 被替代对象使用柴油成本较高 |
| | 电动汽车/低速电动车 | 2.31/3.07 | 0.54 | 被替代对象使用汽油、柴油成本较高 |
| | 机场桥载设备替代飞机APU | 1.59 | 0.54 | 被替代对象使用航空燃油成本较高 |
| 家居电气化 | 电炊具 | 0.23 | 0.448 | 相比燃气设备，替代技术单位成本较高，但替代设备操作方便、安全、控制灵活，电能消费总量较小，在经济较好的家庭中已开始普及使用 |
| | 电热水器 | 0.28 | 0.448 | 相比燃气设备，替代技术单位成本较高，但电设备操作方便、安全、控制灵活，电能消费总量较小，在经济较好的家庭中已开始普及使用 |

数据来源：国家电网《关于电能替代技术、经济、政策及潜力研究分析报告》中各类技术在各省的经济性评估数据。

# 参考文献


［1］ 中国电力企业联合会. 中国电气化年度发展报告2021［M］. 北京：中国建材工业出版社，2021.

［2］ 中国科技网. 国家电网发布“碳达峰、碳中和”行动方案［EB/OL］.［2021-03-01］. http://stdaily.com/index/kejixinwen/2021-03/01/content _1084548.shtml.

［3］ 中华人民共和国中央人民政府. 关于完整准确全面贯彻新发展理念做好碳达峰碳中和工作的意见［EB/OL］.［2021-10-24］. http://www.gov.cn/zhengce/2021-10/24/content_5644613.htm.

［4］ 中华人民共和国统计局. 中国统计年鉴［M］. 北京：中国统计出版社，2021.

［5］ 谢典，高亚静，刘天阳，等.“双碳”目标下我国再电气化路径及综合影响研究［J］. 综合智慧能源，2022（03）：1-8.

［6］ 马奔.“双碳”目标引领下的电气化技术发展研究［J］. 工程技术研究，2022（02）：210-212.

［7］ 龚国军. 把握再电气化的转型机遇［J］. 中国电力企业管理，2018（9）：1.

［8］ 朱成章. 对我国在电气化指标计算中存在问题的探讨［J］. 电力需求侧管理，2000（2）：4.

［9］ 新疆维吾尔自治区统计局. 新疆统计年鉴［M］. 北京：中国统计出版社，2021.

［10］广东省统计局. 广东统计年鉴［M］. 北京：中国统计出版社，2021.

［11］山东省统计局. 山东统计年鉴［M］. 北京：中国统计出版社，2021.

［12］江苏省统计局. 江苏统计年鉴［M］. 北京：中国统计出版社，2021.

［13］河北省统计局. 河北统计年鉴［M］. 北京：中国统计出版社，2021.

［14］国网新疆电力有限公司，新疆自治区电能替代“十四五”发展规划［R］. 新疆，2020.

［15］国家发展改革委，国家能源局. 关于进一步推进电能替代的指导意见［EB/OL］.

[2022-03-29]. https://mp.weixin.qq.com /s?__biz=MzU3MzY1MDM1OQ==&mid=2247485969&idx=1&sn=690d0116279526163390f2e808d20e31&chksm=fd3f2ec9ca48a7df4ba9ecec0426e95389e5e5a527fc91796da11269e87aa971d5c9c80508e0&scene=27.

[16] Fan Y M, Fu X Z, Li X Y. Overview of Technology and Measures to Building Energy Conservation[J]. Journal of Chongqing Architecture University, 2004(5): 82–85.

[17] 陈丹，马舰. 建筑领域双碳实施路径研究［J］. 绿色建筑，2022（03）：115–117.

[18] 新疆维吾尔自治区审计厅. 新疆维吾尔自治区国民经济和社会发展第十四个五年规划和2035年远景目标纲要［EB/OL］.［2021-08-12］. http://sjt.xinjiang.gov.cn/sjt/zcfg/202108/d7cfbaf37fed44c9ab6cc04cd6c6406c.shtml.

[19] 段金辉，单葆国，刘小聪，等. 电能替代主要影响因素研究［J］. 中国电力企业管理，2018（19）：3.

[20] 李昌祖. 浙江省电能替代潜力预测及发展策略研究［D］. 华北电力大学（北京），2020.

[21] Liu K, Wang Q, Luo Z, et al. Planning Mechanism Design and Benefit Analysis of Electric Energy Substitution: A Case Study of Tobacco Industry in Yunnan Province, China[J]. IEEE Access, 2020: 12867–12883.

[22] 李一磊. 电能替代潜力分析与规划研究［D］. 东南大学，2019.

[23] 孙毅，石墨，单葆国，等. 基于粒子群优化支持向量机的电能替代潜力分析方法［J］. 电网技术，2017（06）：1767–1771.

[24] Liang Y, Fan Y, Zhang Y. Research on Innovative Business Model of Electric Energy Substitution Projects in Hebei Province, China[J]. Francis Academic Press, 2020(6): 1–8.

[25] Niu D X, Song Z Y, Xiao X L. Electric power substitution for coal in China: Status quo and SWOT analysis[J]. Renewable & sustainable energy reviews, 2017(Apr.): 610–622.

[26] 李昌祖，牛东晓，张欣岩，等. 基于改进的粒子群优化BP神经网络浙江电能替代潜力预测模型［J］. 科学技术与工程，2020（13）：5173–5179.

[27] 新疆维吾尔族自治区人民政府. 关于印发《加快推进电气化新疆工作方案》的通知［EB/OL］.［2016-12-02］. http://www.xinjiang.gov.cn/xinjiang/gfxwj/201612/936d85c09bce43e78c2f0e4646f92c48.shtml.

［28］中华人民共和国工业和信息化部. 关于印发工业能效提升行动计划的通知［EB/OL］.［2022-06-29］. https://www.miit.gov.cn/jgsj/jns/nyjy/art/2022/art_c43d89e0b209438bad7f7baa28606273.html.

［29］戎向阳. "双碳"目标下建筑能源变革思考［J］. 可持续发展经济导刊，2022（04）：38-39.

［30］中华人民共和国国家发展和改革委员会. 关于印发"十四五"现代能源体系规划的通知［EB/OL］.［2022-01-29］. https://www.ndrc.gov.cn/xxgk/zcfb/ghwb/202203/t20220322_1320016.html.

［31］任志强. 火力发电厂锅炉节能降耗的对策与措施研究［J］. 应用能源技术，2021（09）：55-57.

［32］韩露. 中国电能替代政策发展研究［D］. 华北电力大学，2020.

［33］代琼丹，邓昕，吴雪妍，等. 能源互联网下综合能源服务商业模式综述［J］. 高压电器，2021（02）：135-144.

［34］苏瑜. 电能替代技术应用的商业模式分析［J］. 时代农机，2019（10）：68-69.

［35］郭炳庆，沈瑜，钟鸣，等. 电能替代技术应用的商业模式［J］. 中国电力，2018（09）：135-142.

［36］中国建筑能耗研究报告［R］. 中国建筑节能协会，2020.

［37］新华社新媒体. 环球财经|厨房革命助力绿水青山生态梦［EB/OL］.［2018-01-03］. https://baijiahao.baidu.com/s?id=1588567683730053799&wfr=spider&for=pc.

［38］国网新疆电力有限公司营销部. 电能替代典型案例［M］. 北京：中国电力出版社，2021.